W0098375

BAEDEKER SMART

Teneriffa

Wie funktioniert der Reiseführer?

Wir präsentieren Ihnen die Sehenswürdigkeiten Teneriffas und der Nachbarinsel Gomera in fünf Kapiteln. Die Einteilung entnehmen Sie bitte der unten stehenden Karte. Jedem Kapitel ist eine spezielle Farbe zugeordnet. Um Ihnen die Reiseplanung zu erleichtern, haben wir alle wichtigen Sehenswürdigkeiten jedes Kapitels in drei Rubriken gegliedert: Einzigartige Sehenswürdigkeiten sind in der Liste der *TOP 10* zusammengefasst und zusätzlich mit zwei Baedeker-Sternen gekennzeichnet. Ebenfalls bedeutend, wenngleich nicht einzigartig, sind die Sehenswürdigkeiten der Rubrik *Nicht verpassen!* Eine Auswahl weiterer interessanter Ziele birgt die Rubrik *Nach Lust und Laune!*

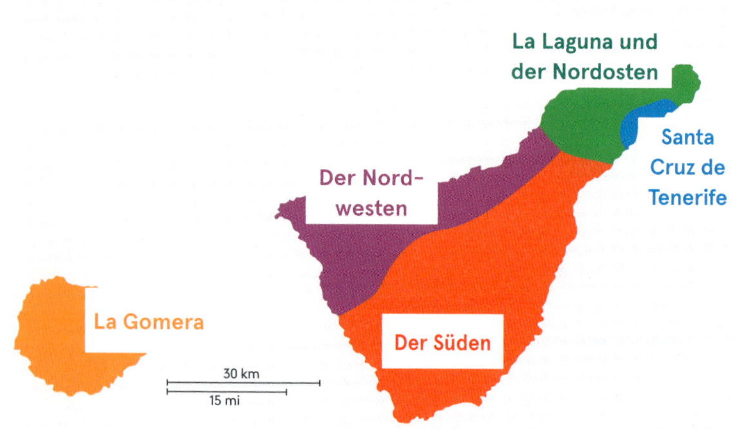

INHALT

Santa Cruz de Tenerife

La Laguna und der Nordosten

Der Nordwesten

Der Süden

La Gomera

Wanderungen & Touren

Praktische Informationen

Magische Momente

**Kommen Sie zur rechten Zeit an den richtigen Ort
und erleben Sie Unvergessliches.**

INHALT

Vom Mirador Pico del Inglés
bietet sich an klaren Tagen ein schöner
Blick auf das Anaga-Gebirge.

Vom Klima begünstigt: Strandleben an der Playa
de las Teresitas bei San Andrés

Baedeker Topziele

Was muss ich gesehen haben? Unsere TOP 10 helfen Ihnen, von der absoluten Nummer eins bis zur Nummer zehn, die wichtigsten Reiseziele einzuplanen.

❶ ★★ Parque Nacional del Teide
Die Vulkanlandschaft des Nationalparks wird vom Pico del Teide überragt, dem mit 3718 Meter höchsten Berg Spaniens. Mit der Seilbahn geht es bis auf 3550 Meter hinauf. S. 122

❷ ★★ La Laguna
Kathedrale, Kirchen und Klöster – ein Bummel durch die Altstadt des Weltkulturerbes erinnert an die koloniale Geschichte von Teneriffa. S. 66

❸ ★★ Icod de los Vinos
Anziehungspunkt des Weinstädtchens ist ein riesiger Drachenbaum. In der oberhalb davon gelegenen Pfarrkirche San Marcos kann ein zentnerschweres Silberkreuz bewundert werden. S. 88

❹ ★★ Puerto de la Cruz
Der traditionelle Ferienort punktet neben einer hübschen Altstadt mit einer von César Manrique entworfenen Badelandschaft: Lago Martiánez, in der Freizeitspaß und Kunst eine harmonische Verbindung eingehen. S. 90

❺ ★★ Loro Parque
Ein Freizeitpark der Superlative: Der Loro Parque in Puerto de la Cruz fasziniert mit sensationellen Tiershows und einem schönen botanischen Garten. S. 94

❻ ★★ La Orotava
Dem Charme der Altstadtgassen konnte sich schon Alexander von Humboldt nicht entziehen. S. 96

❼ ★★ San Andrés
Die Hauptstädter kommen gerne wegen der guten Fischlokale in den Ort, ganz nebenbei gibt es hier mit der Playa de las Teresitas Teneriffas schönsten Palmenstrand. S. 42

❽ ★★ Montañas de Anaga
Teneriffas Wanderparadies begeistert mit urwüchsigem Lorbeerwald, tollen Aussichtspunkten und abgeschiedenen Bergdörfern. S. 69

❾ ★★ Valle Gran Rey
Ein wunderschönes Tal auf La Gomera mit kunstvoll angelegten Terrassen, Palmenhainen und einem Hauch von Flower Power. S. 150

❿ ★★ Plaza de España & Plaza de la Candelaria
Diese beiden Plätze gehen praktisch ineinander über und sind ein idealer Ausgangspunkt zur Erkundung von Santa Cruz. S. 44

Ein Gefühl für Teneriffa bekommen ...

Erleben, was die Insel ausmacht, ihr einzigartiges Flair spüren. So, wie die Tinerfeños selbst.

Hell und dunkel

In puncto Strände hat man auf Teneriffa die Qual der Wahl. Zu einer vulkanischen Insel gehören selbstverständlich dunkelsandige Strände, die an die vulkanische Entstehung erinnern. Etwa die Playa de la Arena an der sonnenverwöhnten Westküste, wo allerdings mitunter ungestüm heranrollende Atlantikwellen das Badeleben etwas durcheinanderbringen können. An der Playa de las Teresitas dagegen lockt ein goldgelber Sandstrand; grüne Farbtupfer in Form von Fächerpalmen stellen dort den notwendigen Schatten. Und Wellenbrecher sorgen für ein ganz ungefährliches Badevergnügen.

Mojo und Papas arrugadas

Echt kanarisch: Feinschmecker haben es auf Teneriffa mitunter nicht ganz leicht, doch der auf der heißen Platte gebratene Fisch, serviert zusammen mit Runzelkartoffeln und einer grünen Mojo-Soße ist wirklich originell. Das kanarische »National-gericht« schmeckt am besten irgendwo dicht am Wasser, etwa im Restaurante Pancho an der Playa de la Arena. Die von kleinen Salzkristallen besetzten Kartoffelschalen werden natürlich mitgegessen.

Die Insel von oben

Miradores, sprich Aussichtsplätze, heißen auf Teneriffa all jene Orte, von denen aus es etwas zu sehen gibt. Davon gibt es über die Insel verteilt eine ganze Menge. Das spektakulärste Panorama offeriert der Pico del Teide, von dessen Gipfel aus einem die ganze Insel wie aus der Vogelschau zu Füßen liegt. Mit der Seilbahn kommt man in acht Minuten schnell und bequem auf 3550 Meter Höhe.

Guantanamera

In Puerto de la Cruz ist das ganze Jahr über die Plaza del Charco der Treff schlechthin. Auf dem von Terrassenlokalen eingerahmten rechteckigen Platz in der Altstadt mischen sich Einheimische mit

Die Insel von oben: Blick vom Mirador de la Paz auf Puerto de la Cruz.

Hier wird ganz traditionell eine Gemüsesuppe mit Gofio gereicht.

Am Fuß des Vulkans: Zugegeben – der Blick von oben, von der Spitze des Pico del Teide, ist unvergleichlich. Aber auch zu Füßen des beeindruckenden Inselhöchsten gibt es viel zu entdecken (und zu erwandern).

Touristen, Kinder vergnügen sich auf dem kleinen Spielplatz, und für Tanzmusik sorgt häufig eine populäre Evergreens spielende Kapelle im Café Dinámico.

Dem Himmel so nah

Das Universum scheint auf Teneriffa zum Greifen nahe, und doch ist es unendlich weit weg. Gute Standorte, um die Sterne funkeln zu sehen, finden Sie auf der Insel viele. Aber wenn es mal etwas ganz Besonderes sein soll, mieten Sie sich für eine Nacht ganz weit oben im Berghotel Parador ein – auf gut 2200 Metern Höhe ist nachts der Himmel dort fast immer klar. Und, ganz wichtig: Es gibt hier so gut wie keine Lichtverschmutzung. Wie klein man sich unter der Milchstraße doch vorkommt – das bewirkt Gänsehaut-Feeling pur!

Am Fuß des Vulkans

Auf der Insel Teneriffa wird viel gewandert! Allerdings müssen Sie nicht gleich den 3718 Meter hohen Pico del Teide besteigen – auch am Fuß dieses markanten Vulkankegels gibt es mehr als genug lohnende Touren. Sehr reizvoll ist zum Beispiel der in einem leichten Auf und Ab verlaufende Weg zum Felsriegel der Fortaleza.

Teneriffas ganzer Stolz

»Stolz von Teneriffa« (span. *Orgullo de Tenerife*) nennen die Einheimischen ihre wohl berühmteste Blütenpflanze: Der auffällige Riesen-Natternkopf mit Tausenden winziger roter Blüten ist in der Hochgebirgslandschaft von Teneriffa zu Hause. Entdecken können Sie das Raublattgewächs im Parque Nacional del Teide. Dort stehen nicht etwa nur zwei oder drei Pflänzchen allein auf weiter Flur: Hunderte der mehr als zwei Meter hohen Blütenkerzen überziehen die Hänge – ein erhabener Anblick!

Mondlandschaft

Eine Gegend, die so heißt, gibt es auf Teneriffa tatsächlich (Paisaje Lunar), doch können Sie sich praktisch im ganzen Teide-Nationalpark wie auf dem Mond fühlen. Nur nicht im Mai/Juni: Denn im kanarischen Bergfrühling erwacht die bizarre vulkanische Kraterlandschaft auf einmal zum Leben – die ganze Region erstrahlt dann in einem gelb-roten Blütentaumel.

Auf einen Drink an der Promenade

Zugegeben, der Name ist nicht gerade typisch kanarisch, doch das Café schon: Morgens können Sie im Café Paris (Puerto de la Cruz, Avenida Colón s/n, tgl. 9–23 Uhr) frühstücken, nachmittags einen Milchkaffee sowie ein etwas zu süß und kalorienreich geratenes Tortenstück genießen oder bis in die Nacht hinein auf der großen Terrasse bei einem Cocktail oder einem auf der Insel gebrauten Dorado-Bier das Treiben an der immer viel frequentierten Uferpromenade betrachten.

Einer der schönsten und ursprünglichsten
Orte Teneriffas ist La Orotava, im Nordwesten
der Insel gelegen.

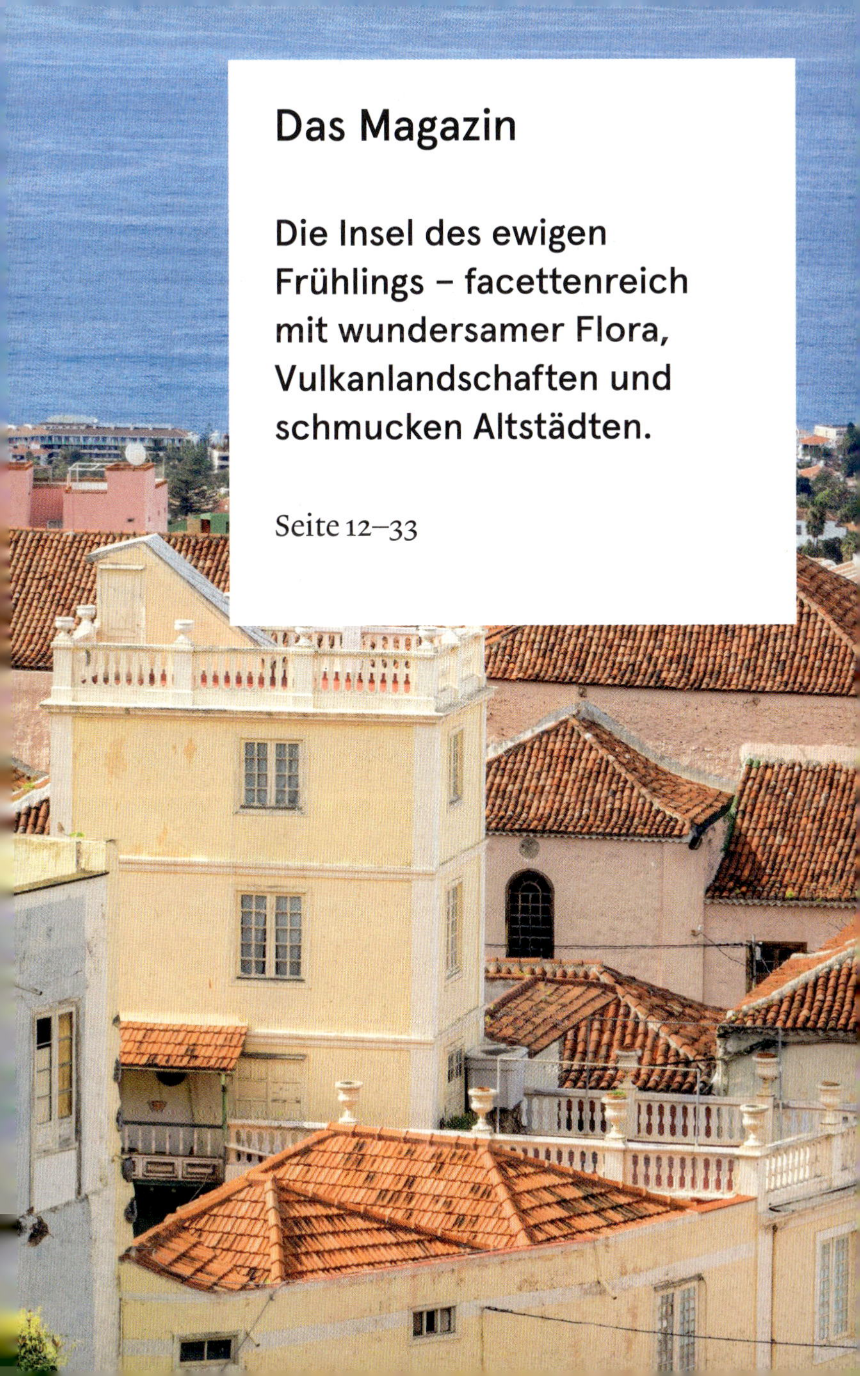
Das Magazin

Die Insel des ewigen
Frühlings – facettenreich
mit wundersamer Flora,
Vulkanlandschaften und
schmucken Altstädten.

Seite 12–33

Reif für die Insel

Auf den ersten Blick könnte man glauben, Teneriffa sei ein Stück Heimat unter südlicher Sonne: üppiges Frühstück, schmackhaftes Essen und Bundesliga-Fußball auf den Fernsehschirmen der Sportbars in Playa de las Américas und Los Cristianos. Aber bei näherer Betrachtung zeigt sich: Diese Insel bietet noch sehr viel mehr.

Ein Millionenpublikum besucht jedes Jahr die im Atlantischen Ozean knapp 300 Kilometer vor der nordwestafrikanischen Küste gelegene Vulkaninsel (nur im Corona-jahr 2020 kam der Tourismus zeitweise fast komplett zum Erliegen). Von der Topografie her gehört Teneriffa zu Afrika, politisch zu Spanien. Unter den ausländischen Gästen

Frau gönnt sich ja sonst nichts: Entspannung pur bietet das Wellnessprogramm vieler Hotels auf Teneriffa – es darf auch gern mal ein bisschen luxuriöser sein wie hier im Oriental Spa Garden des Hotels Botánico in Puerto de la Cruz.

Auf einen Blick: Wichtige Daten & Fakten
· Teneriffa ist die größte der sieben kanarischen Haupt-
  inseln (span. Islas Canarias).
· Die autonome Region besteht administrativ aus zwei
  Provinzen – Santa Cruz de Tenerife im Westen (Teneriffa,
  La Palma, La Gomera, El Hierro) und Las Palmas
  im Osten (Gran Canaria, Fuerteventura, Lanzarote).
· Die Kanaren verfügen über elf Sitze im spanischen Senat,
  davon drei Abgeordnete, die vom kanarischen Parlament
  gewählt werden. Drei Abgeordnete stellt Teneriffa.
· Auf den Kanarischen Inseln leben 2,1 Millionen Einwohner,
  davon 928 000 auf Teneriffa.
· »Tener« bedeutet in der Sprache der Ureinwohner
  (Guanchen) entweder »Berg« oder »Schnee«, gleiches
  gilt für die Silbe »fe« bzw. »ife«. »Teneriffa« (span.
  Tenerife) lässt sich also mit »Schneeberg« übersetzen.

stellen Engländer und Deutsche die stärkste Fraktion. Über 50 000 Deutsche überwintern jährlich auf Teneriffa, wesentlich mehr besitzen hier Ferienhäuser und Zweitdomizile.

Mehr als eine Touristenenklave

Doch totz der vielen Feriengäste ist Teneriffa noch immer eine echte Kanareninsel geblieben, mit einer soliden kulturellen Tradition. Ein Gegengewicht zum Euro-Ferienland bildet etwa die Universidad de la Laguna mit 20 000 Studenten aus dem ganzen Land. Von authentischem Gepräge ist auch die Inselhauptstadt Santa Cruz de Tenerife, wo man dem spanischsten aller Vergnügen frönen kann: dem abendlichen Spaziergang (span. *paseo*).

Insel(n) des ewigen Frühlings

Auf den Kanarischen Inseln sind die Temperaturen ganzjährig mild. Im Sommer ist es lange nicht so heiß wie in Südeuropa – weshalb auch immer mehr Festlandspanier hier die Sommerfrische genießen. Der kanarische »Winter« wird vor allem von Mitteleuropäern als frühlingshaft empfunden. Die Tagestemperaturen liegen selbst im Februar, dem kühlsten Monat, selten unter 20 Grad – an der Südküste Teneriffas herrscht ganzjährig Badesaison.

Feste feiern

Teneriffas Kalender birgt einen bunten Reigen von Fiestas – von großen städtischen Events bis zu folkloristischen Wallfahrten aufs Land.

Gefeiert wird viel, und dank des milden Klimas spielt sich das meiste im Freien ab. Zudem bieten kirchliche Feste und Heiligenverehrung stets einen willkommenen Anlass zum Feiern.

Februar/März
Faschingstrubel überall auf der Insel
Auch der Karneval (span. *carnaval*) wird auf ganz Teneriffa gefeiert – am ausgelassensten in der Hauptstadt Santa Cruz. Höhepunkt der dreiwöchigen Festivitäten im Februar sind die Umzüge in der letzten Woche, mit deren Farbenpracht und spärlich bekleideten Tänzerinnen sich einzig der Karneval von Rio de Janeiro messen kann.

Jedes Jahr steht der Karneval unter einem anderen Motto. Nach einem zehntägigen Vorlauf mit Konzerten, Maskenprämierungen, Umzügen, Kinderfesten und Vorentscheidungen zur Wahl der Karne-

Jedes Jahr im Juni feiert man in La Orotava ein Wallfahrtsfest zu Ehren des heiligen Isidor von Madrid, dessen Ursprünge bis ins 17. Jahrhundert zurückreichen.

valskönigin (*Reina del Carnaval*) beginnt die heiße Phase mit der Galanacht ihrer Krönung, meist an einem Mittwoch. Am Freitag darauf erfolgt der große Umzug, mittwochs die »Beerdigung« einer riesigen (aus Pappmaschee gefertigten) Sardine: Ende des Karnevals, Frühlingserwachen. Die Nächte werden aber noch bis zum nächsten Wochenende durchgetanzt.

Auch andere traditionelle Feste auf der Insel lohnen den Besuch. Vor allem in der Osterwoche und an Fronleichnam ist in vielen Orten fast die halbe Insel auf den Beinen.

Mai
Los Realejos: Romería de San Isidro Labrador
1676 versammelten sich erstmals Bauern aus dem Ort nahe Puerto de la Cruz zur Wallfahrt und fuhren mit ihren Ochsenkarren durch die steilen Straßen der Stadt. Nach einer Andacht zu Ehren des heiligen Isidro, des Schutzpatrons der Bauern, werden die bunt geschmückten Wagen heute von Lastern durch den Ort gezogen.

Juni
La Orotava: Octava de Corpus Cristi – Fiesta de las Alfombras
Höhepunkt der Fronleichnamsfeierlichkeiten in La Orotava (am Donnerstag nach dem achten Sonntag nach Ostern) ist die Enthüllung kunstvoller Teppiche aus Blüten und Vulkansand. Schon Tage zuvor ist die ganze Stadt emsig beschäftigt mit ihrem Entwurf und dem Abzupfen ganzer Blütenberge. Der schönste Teppich ziert meist den Platz vor dem Rathaus – dort wird eine Bibelszene dargestellt, für die man tonnenweise farbigen Sand aus den Bergen herbeischafft.

La Orotava: Romería de San Isidro Labrador y Santa María de la Cabeza
Am Sonntag nach Fronleichnam ist wieder ganz La Orotava auf der Straße, bei einer farbenfrohen Wallfahrt zu Ehren von San Isidro und der Maria von La Cabeza. Wie in Los Realejos ist diese Tradition auch hier jahrhundertealt und verbreitet ländliches Flair mit Ochsenkarren und Bauern, die sich als Zauberer verkleiden.

Juli
La Laguna: Romería de San Benito Abad
Im Mittelpunkt der Prozession stehen sieben Frauen in Tracht als Repräsentantinnen der Inseln des Archipels. Gefolgt von einer lärmenden Menschenmenge, Umzugswagen und Karren, verwandeln sie die Straßen der Universitätsstadt einen Tag lang in ein buntes Chaos, samt Tanz um den Maibaum.

August
Garachico: Romería de San Roque
Als im 17. Jh. die Pest Garachico und Umgebung heimsuchte, rief man den heiligen Rochus von Montpel-

Santa Cruz im Maskentaumel: In der Hauptstadt präsentiert sich der Karneval farbenprächtig-fantasievoll kostümiert – und erkennbar brasilianisch inspiriert.

lier um Hilfe an, der seit seinem Tod am 16. August 1327 als Pestpatron verehrt wird. Noch heute kommen die Einwohner von Garachico einmal im Jahr zu seinem Andenken in der Capella San Roque am Ortsrand zusammen und tragen sein Bildnis zur Iglesia de Santa Ana, wo eine Messe zelebriert wird. In einer feierlichen Prozession bringen danach Städter und Bauern, begleitet von Musikkapellen, Kühen und Ziegen, den Pestheiligen in seine Kapelle zurück.

Candelaria: Fiesta de Nuestra Señora de la Candelaria (Mariä Himmelfahrt)
Der Festtag der Ortsheiligen ist eigentlich der 2. Februar, doch begeht man ihn seit Langem im August gemeinsam mit Mariä Himmelfahrt. Zu Fuß strömen die Wallfahrer nach Candelaria, wo am 14. August eine Andacht auf der Plaza de la Basilica stattfindet, zur Erinnerung an die wundertätige Marienfigur, die einst den Guanchen erschien. Anschließend bewegt sich eine Prozession zum *Pozo de la Virgen* (Brunnen der Jungfrau), der Abend klingt mit einem Feuerwerk aus. Tags darauf wird dann vor der Basilika auch noch eine große Messe abgehalten.

30. November
Puerto de la Cruz und Icod de los Vinos: Festividad de San Andrés
Bis heute ist unklar, was genau der heilige Andreas mit dem Trinken zu tun hat. Jedenfalls wird bis heute ihm zu Ehren ein traditionelles Weinfest gefeiert. Schon am Vorabend des Festtages öffnen die Weinkeller ihre Tore zum Erstausschank des neuen Weines. In manchen Orten, etwa in Puerto de la Cruz und Icod de los Vinos, wird das feuchtfröhliche Ereignis noch zusätzlich mit Umzügen begangen.

Im Land der Guanchen

Im Jahr 1494 landeten spanische Streitkräfte mit rund 1000 Mann Infanterie und 150 Pferden unter dem Befehl von Alonso Fernández de Lugo unweit des heutigen Santa Cruz, um Teneriffa als letzte der sieben kanarischen Hauptinseln zu erobern.

Die anderen sechs Hauptinseln waren seit 1402 nach teils jahrelangen Kämpfen und Belagerungen für die spanische Krone in Besitz genommen worden. Eroberungsversuche hatten sich bislang auf eine traurige Ereignisfolge von Betrug, Massakern und Versklavung beschränkt, wobei die Spanier dem Guerillakampf der nur mit Lanzen und Wurfsteinen bewaffneten Inselbewohner erstaunlich wenig entgegenzusetzen vermochten. So blieben alle Bemühungen, Teneriffa zu besetzen, erfolglos, und in Europa kursierten Berichte über seine Menschen, die sich Guanchen nannten, von *guan* (Mensch) und *che* (weißer Berg). Letzteres bezog sich auf den Pico de Teide. Die Guanchen waren

Als Guanchen kostümierte Insulaner beim Fest der heiligen Jungfrau von El Socorro de Güimar im Nordosten von Teneriffa.

Standbild eines Guanchen-Führers in Candelaria.

somit das »Volk vom Teide« (und, weiter gefasst, von Teneriffa). Später verwendete man den Namen für die Ureinwohner aller Kanarischen Inseln, obwohl sie sich aus vielen unterschiedlichen Volksgruppen zusammensetzten.

Mit der Radiokarbonmethode datierte archäologische Funde lassen darauf schließen, dass die Kanaren spätestens seit 200 v. Chr. besiedelt wurden, wohl von Nordafrika aus. Sprachfragmente legen nahe, dass die kanarischen Ureinwohner von Berbern abstammen. Ihre Kultur bewegte sich auf primitivem Steinzeitniveau, mit Höhlen als Wohnstätten sowie Jagd, Viehhaltung und einfachem Feldbau als Lebensgrundlage. Die Ernährung bestand vorwiegend aus Fisch, Ziegenfleisch und *gofio*, einem Brei aus gerösteter, gemahlener Gerste, der bis heute in Teneriffa auf den Tisch kommt. Mit Einbäumen umfuhr man die Küsten und wagte gelegentlich auch eine Überfahrt auf eine der Nachbarinseln.

Erster Kontakt und Niedergang

Erste Kontakte zwischen Guanchen und Europäern gab es wohl schon im 13. Jh., historisch belegt ist eine Expedition im Jahr 1341. Möglicherweise verirrten sich schon früher Glücksritter nach Teneriffa, auf der Suche nach der Mündung des legendären afrikanischen Rio de Oro in den Atlantik, der angeblich große Mengen Gold mit sich führte. Letztlich wurden Stammesfehden den Guanchen zum Verhängnis. Mindestens zwei Stammesführer schlugen sich auf die Seite der spanischen Invasoren. Als deren erbittertster Feind erwies sich der Guanchenführer Bencomo, der Unterstützung von drei weiteren Führern erhielt. Der erste bewaffnete Vorstoß der Spanier unter Fernández de Lugo endete in einem Desaster. Die Guanchen kapitulierten erst nach über zwei Jahren, 1496 – weniger vor der militärischen Übermacht als vor der Heimsuchung durch eine mysteriöse Epidemie. Trotz des zähen Kleinkriegs, den die Guanchen in entlegenen Regionen der Insel entfachten, war ihr Widerstand gebrochen. Wenige Generationen nach der Invasion hatten sich die Ureinwohner den Eroberern angepasst. Von ihrer Sprache blieben nur ein paar Ortsnamen.

Bizarre Blüten

Trotz der jahrhundertelang im großen Stil betriebenen Waldrodung, rascher Verstädterung und des zunehmenden Tourismus erfreut sich Teneriffa mit rund 1400 Pflanzenarten heute einer höchst artenreichen Flora.

Dieser Reichtum erwächst zum Teil auch aus der Vielfalt des Mikroklimas auf Teneriffa, mit an die 50 unterschiedlichen Zonen. Auf der Insel selbst sind nicht weniger als 140 Pflanzenarten endemisch, mehr als 500 auf dem gesamten Archipel. In voller Pracht bewundern lässt sich die üppige Flora Teneriffas am besten gegen Ende des Winters oder im Frühjahr.

Bäume und ...

Zu einem Symbol der Insel wurde der Drachenbaum (*Dracaena*), ein markanter Blickfang mit glattem hohen Stamm, aus dem oben Äste wie dicke Würste herauswachsen mit bizarr aussehenden langen Blättern an den Enden.

Ein anderer typischer Baum hier ist der Lorbeer, der vornehmlich im Nordosten von Teneriffa und im Nationalpark Garajonay auf La Gomera zu Hause ist . Er liebt besonders feuchte Standorte, und seine Äste sind nicht selten von langen Bartflechten behangen. Genau genommen kommen auf den Kanaren vier Lorbeerarten vor, darunter der Stinklorbeer (*Ocotea foetens*), der bis zu 30 Meter hoch werden kann.

Verbreiteter noch als der Drachen- und Lorbeerbaum ist die Kanarische Kiefer, aus deren Holz traditionell Balkone, Türen und Fenster gezimmert werden.

Bekanntester Vertreter seiner Gattung ist der Kanarische Drachenbaum (*Dracaena draco*).

... Blüten verschiedenster Art

Neben dem Drachenbaum am bekanntesten ist der Wildprets-Natternkopf (*Echium wildpretii*), ein auf 2000 bis 2500 Metern Höhe

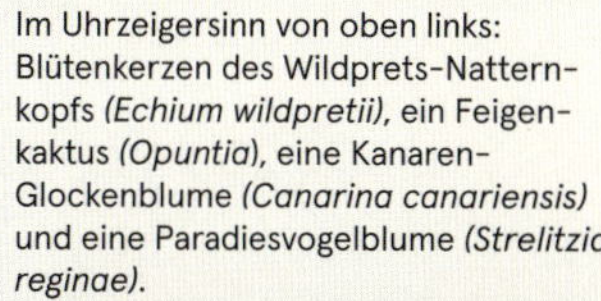

Im Uhrzeigersinn von oben links: Blütenkerzen des Wildprets-Natternkopfs *(Echium wildpretii)*, ein Feigenkaktus *(Opuntia)*, eine Kanaren-Glockenblume *(Canarina canariensis)* und eine Paradiesvogelblume *(Strelitzia reginae)*.

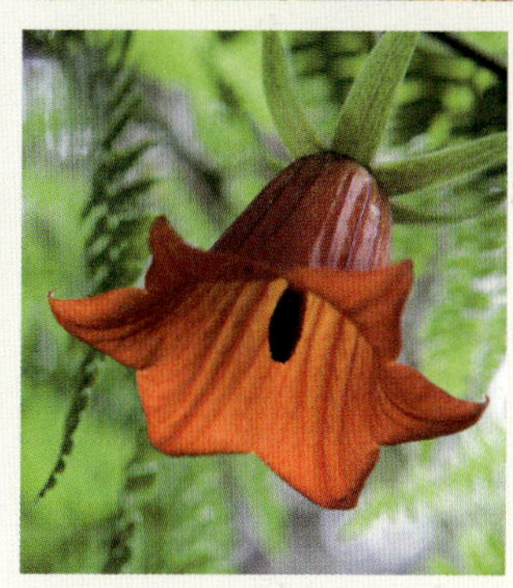

am Teide gedeihendes Raublattgewächs. Dessen bis zu zwei Meter hoher roter Blütenstand fällt sofort ins Auge (Blütezeit: Mai/Juni). Ebenfalls heimisch im Teide-Nationalpark sind der gelb blühende Teide-Ginster *(Spartocytisus supranubius)* und der rosa blühende Behaarte Federkopf *(Pterocephalus lasiospermus)*. Irrtümlich für eine Kakteenart gehalten wird häufig die vorwiegend in halbtrockenen Gebieten wachsende Kanaren-Wolfsmilch *(Euphorbia canariensis)*. Ihre schlanken, dornenbewehrten Arme können bis zu drei Meter hoch werden. Leuchtend gelb blüht im Frühjahr der Kanaren-Hahnenfuß *(Ranunculus cortusifolius)*, rotorangefarben im Winter die Kanaren-Glockenblume *(Canarina canariensis)*. Überall auf der Insel wachsen interessante Pflanzen und Wildblumen, eine Fundgrube für Botaniker ist beispielsweise der Lorbeerwald im Anaga-Gebirge.

Aktiv werden!

Keine Lust, nur am Strand abzuhängen? Aktivurlaubern hat Teneriffa viel zu bieten! Man kann hier wunderbar in neue Sportarten reinschnuppern oder sich an traditionelle Freizeitvergnügen der Einheimischen wagen.

Teneriffa liegt an tiefen Ozeangräben, was eine erstaunlich artenreiche Meeresfauna anlockt.

Tauchen

Auch anspruchsvollste Taucher kommen hier auf ihre Kosten. Zu sehen gibt es beispielsweise Papageienfische, Thunfische, Rochen, Barrakudas, Mantas und gelegentlich auch Delfine oder Wale.

Zudem machen die vulkanischen Felsformationen Teneriffa zu einem besonderen Tauchrevier. Tauchzentren mit Schulen und Ausrüstungsverleih finden Sie in allen größeren Ferienorten.

Wind- und Kitesurfen

Windsurfen vor Teneriffas Küsten ist ausgesprochen populär. Vor allem an der Ostküste vor El Médano

Windsurfer finden vor den Kanarischen Inseln exzellente Bedingungen vor.

Gute Aussicht(en):
Buenavista Golf im Nord-
westen Teneriffas.

herrschen für diesen Sport optimale Bedingungen, der Nordostpassat bläst verlässlich fast das ganze Jahr über. Profis halten hier regelmäßig ihren Weltcup ab, Einsteiger können in einer der Wind- und Kitesurfschulen Kurse belegen (z. B. Surf Center Playa Sur, Tel. 922 17 66 88, www.surfcenter.eu).

Golf

Sonniges, warmes Wetter rund ums Jahr: Was will man als Golfer mehr? Zwei der neun Parcours auf Teneriffa – Golf del Sur und Costa Adeje – stammen aus der Hand des prominenten Golfplatzdesigners José »Pepe« Gancedo, eines erfolgreichen Amateurspielers (sechsmal spanischer Meister), der als »Picasso« seiner Zunft gerühmt wird. Als einer der schönsten Plätze gilt der 18-Loch-Parcours Buenavista Golf im Nordwesten der Insel, der von Severiano Ballesteros entworfen wurde, einem der besten spanischen Golfprofis aller Zeiten.

Radfahren

Der Radsport ist auf Teneriffa auch unter Feriengästen sehr beliebt, das überwiegend bergige Terrain erfordert allerdings eine gute Kondition. Verleihstationen für Rennräder, Mountainbikes und E-Bikes finden Sie in allen größeren Ferienorten der Insel. Einer der führenden Anbieter ist Free Motion mit Filialen in Los Cristianos, Costa Adeje und La Laguna (www.free-motion. com).

Ringkampf einmal anders

Die Ureinwohner Teneriffas, die Guanchen, waren kühne Krieger. Um fit zu bleiben, veranstalteten sie regelmäßig Kraft- und Geschicklichkeitswettkämpfe, wie sie auf der Insel auch heute noch ausgetragen werden. »Kanarischer Ringkampf« *(lucha canaria)* wird der Volkssport genannt: Bis zu zwölf Mann starke Teams liefern sich eine Kombination aus griechisch-römischem Stil und japanischem Sumo. Dabei dürfen prinzipiell nur die Fußsohlen den Boden berühren – sonst hat man verloren. Informationen zu den jeweiligen Kampfveranstaltungen erhält man in den Büros der Touristeninformation.

Wale wie dieser Pottwal (oben und unten) können in den kanarischen Gewässern beobachtet werden.

Aufgepasst: Wale!

Teneriffa ist einer der besten Plätze der Welt
zum Whale Watching – und das zu jeder Jahreszeit.
In den Gewässern rund um die Insel können
etwa 25 Arten dieser beeindruckend großen
Meeresbewohner gesichtet werden.

Am häufigsten sieht man Grind- oder Pilotwale, von denen eine große Familie an der Südküste vor Teneriffa lebt – besonders ergreifend kann eine Begegnung mit einer Mutter-Kind- Gruppe werden. Nicht minder aufregend ist die Sichtung von Großen Tümmlern: Die Delfine begleiten mitunter Fähren und Schiffe, und es ist eine wahre Freude zuzuschauen, wie sie elegant in hohem Bogen aus dem Wasser springen, um sogleich wieder abzutauchen. Eine umfangreiche Population dieser Walart hat sich an der Küste von Los Gigantes niedergelassen. Mit etwas Glück bekommt man auch Zügeldelfine zu Gesicht, die in großen Gruppen an den Kanaren vorbeiziehen; wegen ihrer vom Kopf bis zur Schwanzflosse auffälligen fleckigen Zeichnung werde diese auch Fleckendelfine genannt. Auch bis zu 20 Meter lange Pottwale können in den kanarischen Gewässern gesichtet werden.

Schauen und lernen

Die meisten Walsafaris starten von den Häfen Los Gigantes und Puerto Colón in Playa de las Américas. Die Trips dauern rund zwei Stunden, inklusive Mittagessen oder Snacks an Bord. Was für die Teilnehmer ein Freizeitspaß ist, kann für die Meeresriesen in regelrechten Stress ausarten. Damit die Ausflugsboote nicht mehr, wie früher üblich, rücksichtslos den Tieren auf den Pelz rücken, um so den Passagieren Urlaubsfotos aus nächster Nähe zu ermöglichen, erließ die kanarische Regierung Richtlinien für die Beobachtungstouren. So müssen nun Mindestabstände zu den Walen eingehalten werden. Das Gütesiegel »Blue Boat« soll eine »sanfte Walbeobachtung« garantieren.

Eine explosive Geschichte

Die Kanaren sind Relikte des untergegangenen Atlantis – zumindest der Sage nach. Die tatsächliche Entstehungsgeschichte des Archipels ist allerdings kaum weniger faszinierend.

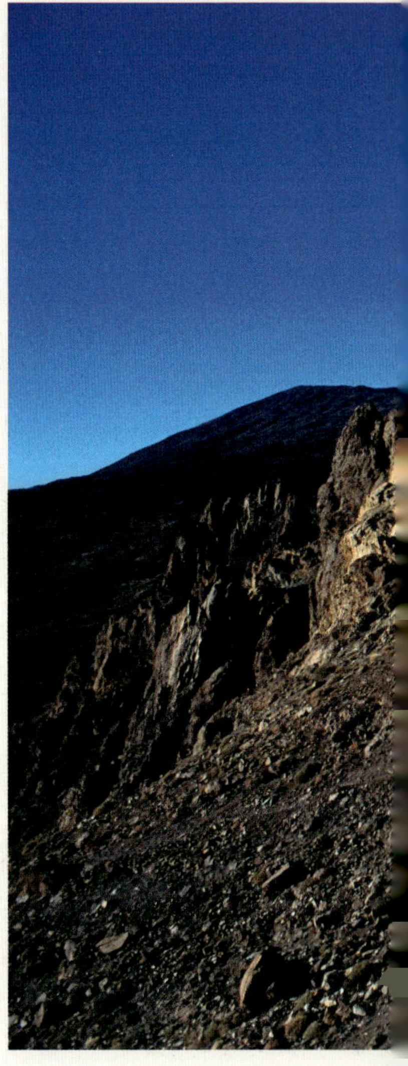

Die moderne Wissenschaft teilt die Erdoberfläche in tektonische Platten ein, die miteinander verbunden sind, aneinanderstoßen oder sich gegenseitig verschieben. Einer Theorie nach wurden die Kanarischen Inseln in einem schwächeren Teil der Erdkruste aufgeworfen, als vor rund 20 Millionen Jahren die Kontinentalplatten Afrikas und Amerikas in Bewegung gerieten.

Schaumgeboren wie Aphrodite

Alle Kanarischen Inseln sind vulkanischen Ursprungs, doch nicht alle so spektakulär wie Teneriffa. Der jüngste große Vulkanausbruch ereignete sich dort im Jahr 1798, ein kleinerer 1909, als sich an der Südwestflanke des Pico Viejo (»Alter Gipfel«) eine riesige Spalte auftat, die geschmolzenes Magma ausspie. Der Teide, obschon die höchste

Vulkanische Kräfte des Erdinnern haben die Kanarischen Inseln – hier die Felsen der Roques de García unterhalb des Pico del Teide – geformt, feurig-explosiv.

Erhebung der Insel und ganz Spaniens, bildet nur einen von zahlreichen Vulkanen und Spalten, die sich auf Teneriffa vor Jahrmillionen entlang einer Verwerfung gebildet haben. Er selbst entstand im Lauf von Jahrtausenden als Schicht- oder Stratovulkan. Stratovulkane sind ein Ergebnis wiederholter Eruptionen, bei denen Lavaströme austreten und vulkanisches Material in die Luft geschleudert wird. Bei jeder Eruption entsteht eine neue Schicht des Vulkankegels. Manchmal bildet abgekühltes Magma einen Pfropf in seinem Innern, der bei einem späteren Ausbruch wie der Deckel auf einem Dampfkochtopf wirkt. Kommt es schließlich zur Eruption, geht viel vom Kegel mit in die Luft.

Junges Gebirge

Der Pico del Teide und seine Nebengipfel sind relativ jung, verglichen mit den ältesten vulkanischen Formationen Teneriffas, wie dem Teno-Gebirge und den Anaga-Bergen im Nordwesten, die beide etwa sieben Millionen Jahre alt sind. Vor drei Millionen Jahren verlegte sich die vulkanische Aktivität weitgehend ins Zentrum der Insel, wo ein gewaltiger Vulkan entstand. Der halbkreisförmige Gebirgszug des

Paisaje Lunar: eine Landschaft aus bizarren Tuffsteinsäulen nahe Vilaflor.

MAGAZIN

Circo de las Cañadas südlich des Teide
ist ein Restrand des einstigen Kraters,
in dem sich vor 500 000 Jahren bei
weiteren Eruptionen das Teide-Mas-
siv bildete. Solche bei der Zerstörung
eines Kegels entstandenen Riesenkra-
ter nennt man »Caldera«, und die des
Teide gehört zu den größten der
Welt. Mit 3718 Metern ist der Teide
auf gleicher Schulterhöhe mit Ätna,
Stromboli und Vesuv. Und mit gerade
mal einer halben Million Jahre ist er
ein Youngster in der langen Vulkan-
geschichte der Insel.

Auf dem Izaña steht das
Observatorio del Teide.

Erstarrte Flüsse und vulkanische Restaktivitäten

Ein Vulkanausbruch vollzieht sich
in zwei Phasen: Zunächst steigt
kochendes Magma aus einer Tiefe
von bis zu 600 Kilometern in einem
Kamin hoch. Kommt es dann durch
den Druck zur Explosion, sprüht
das Magma in einer 700 bis 1200
Grad heißen Fontäne an die Luft.
Wie weit es dann die Bergflanken
herabfließt, ehe es abkühlt, hängt
von seiner geologischen Beschaffen-
heit und Zähflüssigkeit (Viskosität)
ab. Beim Austritt aus dem Kegel ist
es oft von sirupartiger Konsistenz
und kühlt erst auf dem Weg über
die Bergflanken ab, wo es irgendwann fest wird. Manche solcher
»erstarrten Flüsse« an den Hängen
des Teide reichen bis zur Straße
durch den Nationalpark hinab.

Vulkanausbrüche vollziehen sich oft
nicht über den Hauptkegel und
einen zentralen Kamin, sondern
über weiter abwärts gelegene Öff-
nungen. Auch das lässt sich am Teide
beobachten. Dominierendes Element beim Ausbruch ist Gas – es
kommt als erstes an die Oberfläche
und besteht vorwiegend aus Wasser-
dampf. Gaseruptionen von entspre-
chendem Druck können auf dem
Weg nach oben den geschmolzenen
Fels aufbrechen, dessen Fragmente
in die Luft geschleudert werden. Das
vorherrschende Gestein in der
wilden Landschaft um den Teide ist
Basalt, doch sieht man auch glasarti-
gen Obsidian oder Vulkanschlacke,
erkennbar an ihrer rötlichen Fär-
bung. Der Teide ist immer noch
vulkanisch aktiv, was die *fumarolas*
bezeugen: Gasdampfsäulen, die
mancherorts nahe dem Gipfel aus
dem Boden steigen. Es ist also nicht
ausgeschlossen, dass sich der Berg
irgendwann wieder von seiner
feurig-explosiven Seite zeigt.

Wind of Change

Völlig klimaneutral wird eine Reise auf die Kanaren nie sein, selbst wenn man anstelle des Flugzeugs die lange Schiffsreise auf sich nimmt. Doch irgendwo muss man ja schließlich anfangen, und warum nicht bei der Unterbringung? Im Süden von Teneriffa gibt es dazu einen international viel beachteten Modellversuch.

Zehn Fahrminuten vom internationalen Flughafen entfernt liegt am Rand des Industriegebiets von Granadilla (Polígono Industrial de Granadilla, Autobahnausfahrt Acceso B) der Windpark von ITER, dem technischen Institut für erneuerbare Energien. Im Jahr 1995 schrieb ITER einen internationalen Architektenwettbewerb aus, an dem fast 400 Architekten aus 38 Ländern teilnahmen. Zielvorgabe war es, ein Passivhaus ohne Klimaanlage und Heizung zu entwerfen. In unmittelbarer Nachbarschaft zu den 27 großen Windrädern können Sie sich heute in eines der 24 klimaneutralen Biohäuser einmieten. Den ersten Preis gewann das Haus La Geria von dem spanischen Architekten César Ruiz-Larrea. Dieser orientierte sich an der auf Lanzarote praktizierten Methode, Wein anzubauen: Das Haus steht in einer von einer halbkreisförmigen Mauer umgebenen

Schöner Wohnen im 21. Jahrhundert: klimaneutrales Ferienhaus im Windpark von ITER.

Mulde. Es ist so vor Wind und Wetter relativ gut geschützt, sodass in den Räumlichkeiten ein ausgewogenes Klima entstehen kann. Der Clou unter den Häusern ist jedoch die

Casa El Río des Franzosen Morel Cedric – ein kleiner Wasserkanal fließt hier durch das Wohnzimmer und erfreut nicht nur das Auge, sondern setzt auch einen klimatischen Akzent.

Keines der 24 Häuser gleicht dem anderen, jedes steht für sich. Das eine setzt auf Holz, das andere mehr auf Glas oder Stein. Gemeinsamer Nenner ist, dass jedes Gebäude sein Brauchwasser recycelt. Strom aus der Steckdose liefern Solar- und Windenergie, Leitungswasser kommt von der institutseigenen ratmetern relativ großzügig bemessen und bietet genug Platz für vier bis sechs Personen. Die in unmittelbarer Nachbarschaft sich drehenden Windrotoren sorgen für eine permanente Geräuschkulisse, die aber von den meisten Gästen nicht als störend empfunden wird. Eher gewöhnungsbedürftig ist die Lage in der Einflugschneise des Großflughafens Tenerife Sur, eine gute Schallisolierung sorgt dafür, dass man zumindest im Haus selbst davon kaum etwas mitbekommt. Viele Gäste sind Ingeni-

genen Entsalzungsanlage, die ebenfalls mit erneuerbaren Energien betrieben wird. Die Inneneinrichtung gibt sich schick und trendy, größtenteils sind die Räume mit Designermöbeln ausgestattet. Die Wohnfläche ist mit 89 bis 114 Quadeure oder Architekten, doch es buchen auch mehr und mehr andere Urlauber (Casas ITER bioclimáticas, Tel. 922 74 77 58, http://casas.iter.es; Preis pro Nacht für zwei Personen ab ca. 120 Euro, vorübergehend keine Vermietung).

Blick vom Hotel Contemporáneo auf das
Stadtviertel Salamanca von Santa Cruz.

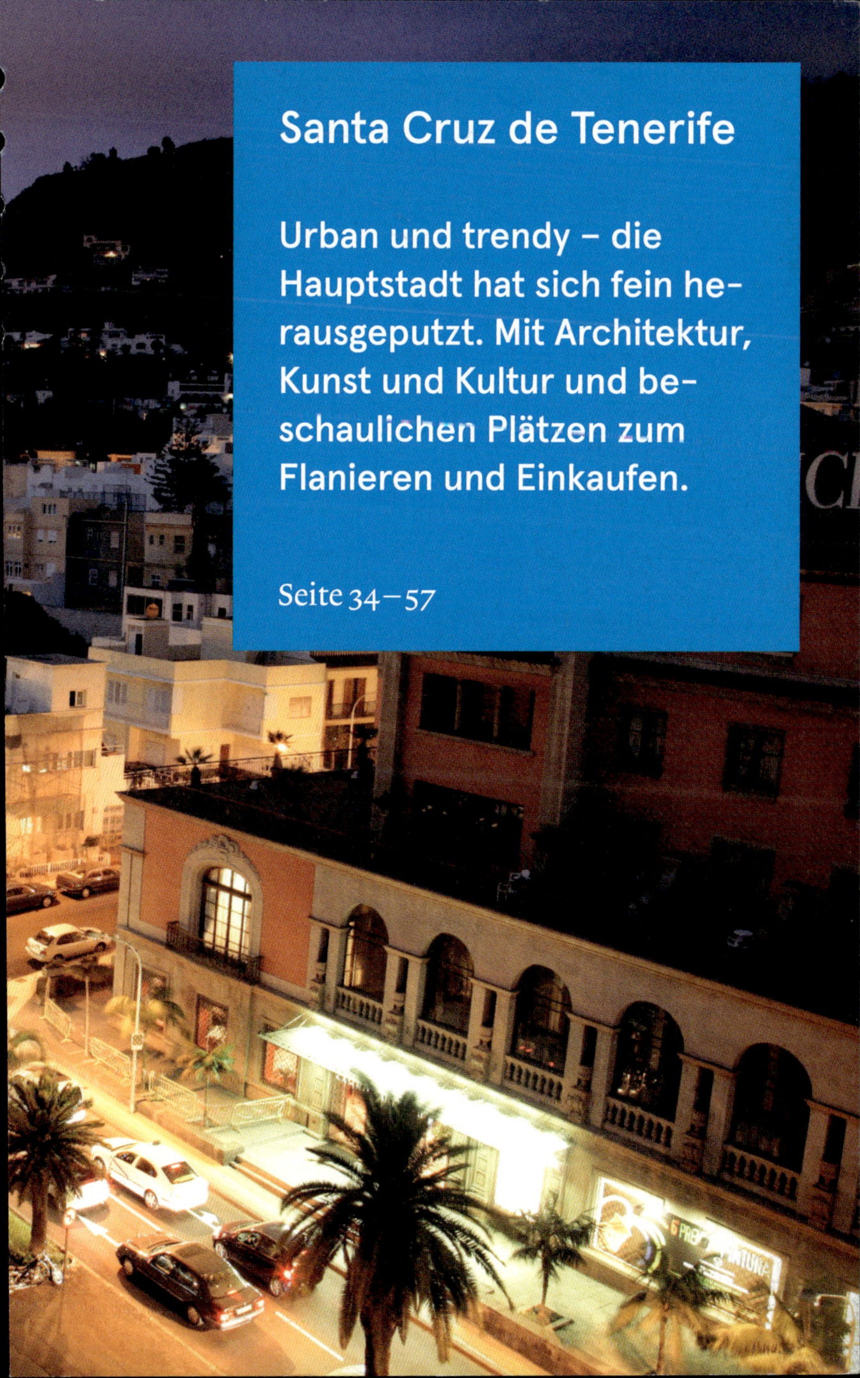

Santa Cruz de Tenerife

Urban und trendy – die
Hauptstadt hat sich fein he-
rausgeputzt. Mit Architektur,
Kunst und Kultur und be-
schaulichen Plätzen zum
Flanieren und Einkaufen.

Seite 34–57

Erste Orientierung

Santa Cruz ist das urbane Herz Teneriffas – die Kapitale der Insel und zugleich der Provinz. Die Stadt hat einen bedeutenden Hafen und bietet sehenswerte Kirchen, interessante Museen, einen Wasserpark und einen schönen Sandstrand. Ein großes naturkundliches Museum, viel Kunst und Konzerte machen Santa Cruz zum kulturellen Mittelpunkt der Insel.

Wie schnell sich eine Stadt doch verändern kann! Noch vor wenigen Jahren eher eine nüchterne Verwaltungsmetropole, hat sich Santa Cruz auch mithilfe international renommierter Architekten richtig fein gemacht: mit zum Meer hin geöffneten Plätzen, guten Einkaufsmöglichkeiten und einem wunderschönen Palmengarten, der allein schon einen Besuch lohnend macht. Es gibt genug zu sehen und zu tun, um einen ganzen Tag zu füllen. Zwischendurch bietet die teils autofreie Innenstadt Gelegenheiten, in einem Terrassencafé zu verweilen und einfach nur für ein halbes Stündchen die vorbeiflanierenden Leute zu beobachten. Wer seine Reise gut geplant hat, ist ja vielleicht sogar vor Ort, wenn der Winter ausgetrieben wird – mit einem Karneval, der sich mit zehntausenden schrill kostümierten Mitwirkenden, einer immer prächtig herausgeputzten Königin und flotten Samba-Rhythmen selbst vor Rio nicht zu verstecken braucht.

Ein Meeresschwimmbad und ein Traumstrand fast vor der Haustür machen die Metropole gar zu einem Badeort.

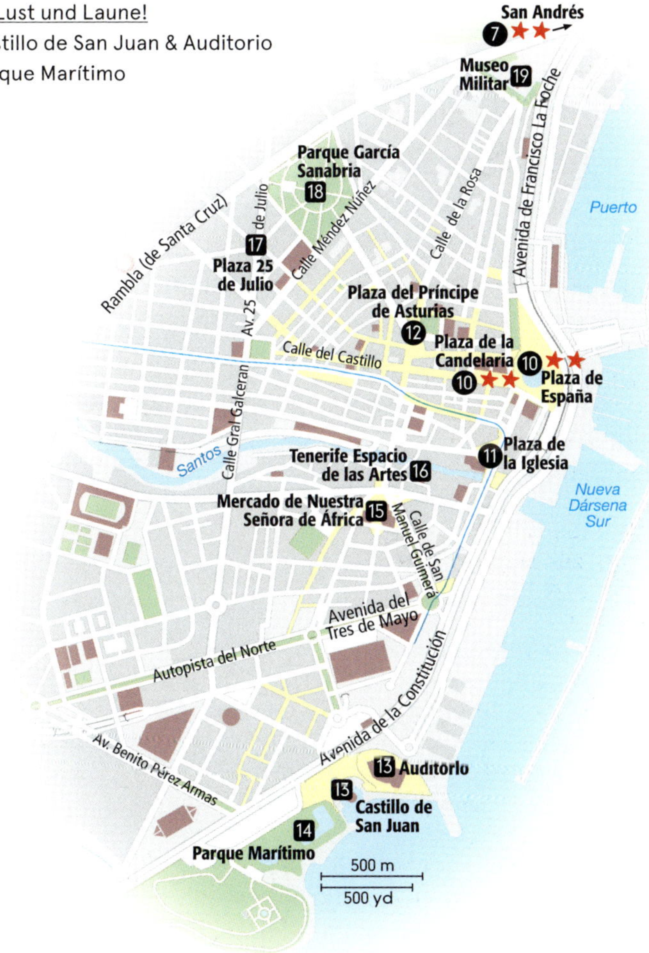
San Andrés
7 ★★
Museo Militar 19
Parque García Sanabria 18
Rambla (de Santa Cruz)
de Julio
Calle Méndez Núñez
Calle de la Rosa
Avenida de Francisco La Roche
Puerto
17
Plaza 25 de Julio
Av. 25
Plaza del Príncipe de Asturias
12
Calle del Castillo
Plaza de la Candelaria 10
10 ★★
★★ Plaza de España
Calle Gral Galcerán
Santos
Tenerife Espacio de las Artes 16
11 Plaza de la Iglesia
Mercado de Nuestra Señora de África 15
Calle de San Manuel Guimerá
Nueva Dársena Sur
Avenida del Tres de Mayo
Autopista del Norte
Avenida de la Constitución
Av. Benito Pérez Armas
13 Auditorio
13 Castillo de San Juan
14 Parque Marítimo
500 m
500 yd

Mein Tag beim Shoppen und Flanieren in der Hauptstadt

Kaufen Sie da ein, wo sich auch die Einheimischen eindecken: In Santa Cruz finden Sie alles, was es in den Ferienorten nicht gibt. Und das meiste zu vernünftigen Preisen, selbst Importware aus Europa wird vielerorts günstiger angeboten als zu Hause. Teneriffas Metropole ist zugleich der beste Platz, um ein Stück urbane kanarische Lebensart kennenzulernen. Und nette Ecken zum Entspannen gibt es auch.

🕙 10 Uhr: Auf einen Kaffee an der Plaza de España

Gönnen Sie sich nahe dem künstlich angelegten See in einem der Terrassenlokale einen Café con Leche, bevor Sie sich in das hauptstädtische Treiben stürzen. Diesen Dreh- und Angelpunkt der Stadt verdankt Santa Cruz den Schweizer Stararchitekten Herzog & de Meuron. Gleich nebenan erhalten Sie im Pavillon von Artenerife einen Überblick über das kunsthandwerkliche Schaffen auf der Insel. Typisch für Teneriffa sind etwa Hohlsaumstickereien und aus Palmblättern geflochtene Korbwaren. Hier können Sie sicher sein, dass alles tatsächlich auch auf der Insel hergestellt wurde. An der zum Meer offenen Seite der ⑩ ★★ Plaza

13 Uhr: Marktatmosphäre schnuppern

Uhr: Panorama unter ...men

17 Uhr: Ein traumhafter Abstecher zum Schluss

Oben: Schöner Shoppen in der Calle del Castillo. Rechts: Buntes Treiben im Mercado de Nuestra Señora de África.

de España kommen Sie zur Mole des Sportboothafens. Dort können Sie kurz über Teneriffas »Walk of Fame« spazieren und erfahren, wer in den letzten 500 Jahren schon vor Ihnen die Insel besuchte.

11 Uhr: Durch die Einkaufsmeile

Von der Plaza de España ist es nicht weit bis in die westlich davon gelegene, autofreie Calle del Castillo. Mit Modekaufhäusern und Filialen von Mango bis Zara ist hier fast alles vertreten, was Spanien in Sachen Mode zu bieten hat. Wenn Sie allerdings das Besondere suchen, sollten Sie einen Blick in die Nebenstraßen werfen, etwa in die parallel verlaufende Calle Béthencourt, wo es viele kleinere Boutiquen mit teils ausgefallenen Sachen gibt.

13 Uhr: Marktatmosphäre schnuppern

Viel Lokalkolorit erwartet Sie im 15 Mercado de Nuestra Señora de África, dem lebhaftesten Markt der Stadt. Ein Rundgang durch das wie ein Basar aufgemachte Gebäude lohnt auch dann, wenn Sie keine festen Kaufabsichten haben – herausragend ist das Angebot an frischem Fisch und Meeresfrüchten. In der alteingesessenen Bar im Innenhof können Sie auch eine Kleinigkeit essen. Oder wenn Sie es angesagter mögen: In der hypermodernen Cafeteria im TEA schräg gegenüber von der Markthalle

Oben: Am Ende eines erfüllten Tages wartet Teneriffas schönster Palmenstrand.

bekommen Sie fantasievoll gefüllte Wraps. Vielleicht noch besser: Probieren Sie dort das dreigängige kleine Mittagsmenü – lecker und preiswert! Für den Zugang zur Cafeteria brauchen Sie übrigens keine Eintrittskarte für das TEA zu lösen.

15 Uhr: Panorama unter Palmen

Richtig stolz sind die Hauptstädter auf die Meeresfront an der Avenida de la Constitución. Dort lädt in unmittelbarer Nachbarschaft zum von Santiago Calatrava entworfenen Auditorium das Palmetum zu einem entspannten Spaziergang ein. Das exponiert auf einem Hügel über dem Meer platzierte botanische Aushängeschild Teneriffas

überrascht mit rund 400 aus aller Welt zusammengetragenen Palmenarten. Halten Sie inne, um von einem der tollen Aussichtsplätze das Panorama auf Stadt, Hafen und die majestätische Kulisse des Anaga-Gebirges zu genießen.

17 Uhr: Ein traumhafter Abstecher zum Schluss

Mindestens genauso entspannend ist es, den Tag in ❼ ★★ San Andrés ausklingen zu lassen. Der eingemeindete Vorort macht den Besuch gleich in zweierlei Hinsicht lohnend: Hier gibt es mit der Playa de las Teresitas nicht nur den mit Abstand schönsten Palmenstrand Teneriffas, auch die Fischlokale im Ort genießen einen guten Ruf.

❼ ★★ San Andrés

Warum?	Hier können Sie im Schatten einer Palme am schönsten Inselstrand entspannen
Wie lange?	Mindestens zwei Stunden
Wann?	Zur mittäglichen Siesta, wenn in Santa Cruz ohnehin alles nur mit halber Kraft läuft
Was noch?	Die lokalen Fischlokale warten ab 12 Uhr auf Ihren Besuch

Bevor wir uns auf das urbane Treiben in der kanarischen Metropole einlassen, tanken wir noch frische Energie in dem heiteren Ort San Andrés mit dem weißen Sandstrand Playa de las Teresitas gleich nebenan.

Trotz seiner Nähe zu Santa Cruz hat sich San Andrés seinen Charakter als Fischerdorf bewahrt. Nur einen Kilometer weiter ist der schönste Strand der ganzen Insel erreicht, die Playa de las Teresitas; hier kann man sich von Sonne und

San Andrés schmiegt sich an das Ende der weit geschwungenen Playa de las Teresitas.

Sand verwöhnen lassen. Die Bade-
gäste sind hauptsächlich Einheimische. Der Ort wird von einem halb
verfallenen Rundturm bewacht.
Reizvoll ist ein Bummel zu der von
Indischen Lorbeerbäumen begrünten Plaza, an dem der rote Glockenturm der Apostelkirche einen recht
beschaulichen Kontrast zur umtrie-
bigen Uferstraße setzt.

Sommer, Sonne,
Sandstrand: an
der Playa de las
Teresitas.

Die Strände

Die Playa de las Teresitas ist ein künstlich geschaffenes Juwel.
In den 1970er-Jahren ließ die Regierung rund 100 000 Kubik-
meter Saharasand hierherschaffen, um die Bevölkerung mit
einem schönen, geschützten Strand zu beglücken. Palmen
säumen das breite Ufer und bieten willkommenen Schatten.
Für eine großartige Kulisse sorgt das fast zum Greifen nahe
Anaga-Gebirge. Von den Sommerwochenenden abgesehen,
ist es hier meist nicht zu voll. Fährt man weiter nach Norden,
stößt man auf einen abgelegeneren Strand, die Playa de las
Gaviotas.

Das Bauerndorf Igueste

Vier Kilometer nordöstlich der Playa de las Gaviotas endet
die Straße TF-121 in dem ruhigen Bauerndorf Igueste. Wie in
den anderen Dörfern, die über das Anaga-Gebirge verstreut
sind, ist man auch in Igueste Lichtjahre von den Tourismus-
hochburgen im Süden entfernt. Hier fühlt man sich in das
Teneriffa von vor 50 Jahren zurückversetzt. Das Dorf zieht
sich auf beiden Seiten einer Schlucht die Berge hinauf. In
dem meist ausgetrockneten Flussbett wird allerlei ange-
pflanzt – von Bananen bis Avocados und Kartoffeln.

KLEINE PAUSE
An der Durchgangsstraße von San Andrés haben Sie gleich
zwischen mehreren guten Fischlokalen die Wahl. Probieren
Sie die **Marisquería Ramón** (S. 55).

⊹ 196 B3

⑩ ★★ Plaza de España & Plaza de la Candelaria

Warum?	Teneriffas urbanes Zentrum von seiner besten Seite
Was?	Staunen, Flanieren, Kaffeetrinken
Wie lange?	Ein bis zwei Stunden
Was noch?	Unter der Woche an einem Vormittag, wenn alle Geschäfte und Terrassencafés geöffnet haben

Dass die beiden miteinander verschmolzenen Plätze heute wie fast aus einem Guss wirken, verdankt die Stadt einem Geniestreich des Architekturbüros Herzog & de Meuron. Die vielfach preisgekrönten Schweizer verstanden es gekonnt, den schon mehrfach umgestalteten Dreh- und Angelpunkt der Hauptstadt wieder ins rechte Licht zu rücken.

Architektonische Spielwiese

Nur ein paar Schritte, und Sie sind von hier am Meer. Die autofreie Einkaufsstraße ist auch nur einen Steinwurf entfernt.

Das Kernstück der Plaza de España ist ein von Herzog & de Meuron angelegter runder künstlicher See. Im Hintergrund erhebt sich der neoklassizistische Regierungssitz, das Cabildo Insular. An der dem Meer zugewandten Seite des Platzes können Sie auf einer Treppe zu den freigelegten Grundmauern der ehemaligen Wehrburg absteigen und die dort ausgestellte Kanone bewundern, durch die 1797 der englische Admiral Nelson bei einem Angriff auf die Stadt seinen rechten Arm verloren haben soll. An der Hafenmole im Süden befinden sich die Containerdocks, im Norden machen Fähren, Kreuzfahrt- und Handelsschiffe fest.

Jenseits des Hafens

Landeinwärts wirkt die Plaza de la Candelaria eher wie eine Fußgängerzone, die mit der Plaza de España verbunden ist. Die Nordostecke wird vom barocken Palacio de la Carta beherrscht. Er besitzt einen schönen Innenhof mit umlaufenden Holzbalkonen. Auf der gleichen Seite des Platzes befindet sich das Casino der Stadt. Über den ganzen Platz wacht die Barockfigur der Virgen de la Candelaria. In den für den Verkehr gesperrten, vom Platz landeinwärts führenden Stra-

Im Uhrzeigersinn von ganz oben: Blick auf das Cabildo Insular, den Sitz der Inselregierung, die Plaza de España mit ihrem künstlichen See, Skulptur vor dem Teatro Guimerá.

ßen, vor allem in der Calle del Castillo, gibt es viele Modekaufhäuser und Boutiquen. Einheimische werden ebenso angelockt wie Touristen auf Schnäppchenjagd. Gleich in der Nähe befindet sich an der Plaza Isla de la Madera das Teatro Guimerá. Es wurde Mitte des 19. Jahrhunderts erbaut und ist nach einem Dramatiker der Insel, Ángel Guimerá, benannt. In der Blütezeit des im Jahr 1851 eingeweihten Gebäudes fanden hier viele Theater-, Opern- und Konzertveranstaltungen statt.

KLEINE PAUSE

Nehmen Sie Platz auf einer der Bänke am Ufer des künstlichen Sees und genießen Sie die beschauliche Atmosphäre.

✝ 185 D/E4

⑪ Plaza de la Iglesia

Warum?	Der ruhige Gegenpol zum benachbarten Geschäftsviertel
Was?	Barocke Pracht und ein Museum voll mit Totenköpfen
Wie lange?	Mindestens zwei Stunden
Was noch?	In der von der Pfarrkirche abgehenden Calle Antonio Domínguez Alfonso laden Szenelokale zu einer Pause ein

Die historische Altstadt von Santa Cruz nimmt sich inmitten der modern geprägten Neustadt wie eine Oase aus. Sorgsam restaurierte alte Bürgerhäuser vermitteln einen Eindruck, wie in der kolonialen Epoche gebaut und gelebt wurde. Überragt wird das Ensemble von der Silhouette der bemerkenswerten Iglesia de Nuestra Señora de la Concepción.

Iglesia de Nuestra Señora de la Concepción

Die Hauptkirche von Santa Cruz ist an ihrem hohen, eleganten Glockenturm zu erkennen, einer Mischung aus portugiesischem Barock und maurischem Stil. Bereits Ende des 15. Jahrhunderts stand hier ein Gotteshaus, doch wurde das Original im 17. Jahrhundert durch ein Feuer zerstört. Die Fassade der jetzigen Kirche ist eine Kuriosität: Ein Atrium, über dem ein Holzbalkon verläuft, befindet sich vor dem Haupteingang. Da die Kirche im 17. und 18. Jahrhundert immer wieder umgebaut wurde, bietet sie im Innern eine nicht minder bemerkenswerte Stilmischung. Die fünf Kirchenschiffe werden durch Säulenarkaden aus rotem Stein gegliedert. Im Hauptaltarraum befindet sich ein mit Silber beschlagenes hl. Kreuz (Santa Cruz de la Conquista), das der Stadt den Namen gab. Es soll sich dabei um das Originalkreuz handeln, das der Eroberer der Insel, Alonso Fernández de Lugo, am Strand von Santa Cruz aufstellen ließ. Das gedrechselte Chorgestühl brachte man 1862 aus London hierher, die Kanzel aus alabasterfarbenem Marmor stammt aus Genua und wurde 1736

Im Herzen von Santa Cruz: die Iglesia de Nuestra Señora de la Concepción.

geweiht. Ein Großteil der Holzelemente in der
Kirche, etwa die beiden Altaraufsätze, sind
aus einem speziellen Holz gefertigt: Es wurde
vom spanischen Handelsschiff La Camorra
gerettet, das englische Piraten im 18. Jahrhundert versenkten.

Museo de la Naturaleza y el Hombre

Auf der anderen Seite des meist ausgetrockneten Barranco de Santos (Heiligenschlucht)
steht das ehemalige Hospital de la Caridad
(Krankenhaus der Barmherzigen Brüder), das
1745 erbaut wurde, um die Armen und Kran-
ken zu versorgen. Heute ist hier das Museo de
la Naturaleza y Arqueología (Museum für Naturgeschichte
und Archäologie) untergebracht. Die Sammlung des Museums ist breit gefächert, das Hauptgewicht liegt auf der Kultur der Guanchen. Mit am beeindruckendsten sind die Mu-
mien der Guanchen sowie Skelette und über tausend
Schädel, die Archäologen auf der Suche nach der vorkolonialen
Vergangenheit auf der Insel fanden. Einige weisen Trepana-
tionen (Schädelbohrungen) auf: Es gibt viele Erklärungsver-
suche, warum die Guanchen zu diesem medizinischen Mit-
tel griffen, einen speziellen Grund hat man jedoch nicht
gefunden. Weitere archäologische Funde sind Werkzeuge,
Scherben von Töpfereiwaren und Schmuck. Ein anderer Aus-
stellungsschwerpunkt beschäftigt sich mit der Flora und
Fauna der Insel, vor allem mit der Unterwasserwelt. Interessant ist zudem im Erdgeschoss eine Multimediapräsenta-
tion über den Vulkanismus auf den Kanaren.

Reich verzierter
Hochaltar in
der Iglesia de
Nuestra Señora
de la Concep-
ción.

✝ 185 D3
**Iglesia de Nuestra Señora de la
Concepción** ✉ Plaza de la Iglesia s/n
🕐 tgl. 9–13, 17.30–20 Uhr 🎫 frei

Museo de la Naturaleza y Arqueología
✉ Calle Fuente Morales s/n
☎ 922 53 58 16 🕐 Mo–Sa 9–19,
So 10–17 Uhr 🎫 5 € (Sa Eintritt frei)

⑫ Plaza del Príncipe de Asturias

	Flämische Kunst von Pieter Coecke van Alst und Jan Brueghel d. J.
Wie lange?	Ein bis zwei Stunden
Wann?	Bei weniger gutem Wetter
Was noch?	Die prächtige Holzdecke in der Franziskanerkirche

Der Prinz-von-Asturien-Platz ist eine jener Grünzonen, welche die Innenstadt von Santa Cruz so lebenswert machen. Ausladende Kronen von Lorbeerbäumen lassen nur diffuses Streulicht durch, vor allem im Sommer sind die schattigen Bänke und eine viel umlagerte Cafeteria ein beliebter Ruhepunkt. Gerahmt wird der quadratische Platz von einem sehenswerten Ensemble historischer Bauten.

Museo de Bellas Artes

Vierundvierzig der in diesem Kunstmuseum gezeigten Bilder flämischer Meister stammen aus dem Bestand des Prado.

Nein, nicht der prächtige Jugendstilbau an der Nordseite des Platzes (in diesem residiert der Privatclub Circulo de Amistad XII de Enero) beherbergt das Museum der Schönen Künste, sondern das eher nüchtern im klassizistischen Stil errichtete Gebäude in der Calle José Murphy. Auf zwei Ebenen wird spanische und niederländische Kunst aus dem 16. bis 19. Jahrhundert ausgestellt, darunter 44 Leihgaben aus dem Bestand des Madrider Prado. Von den kanarischen Malern seien Juan de Miranda und Óscar Domínguez erwähnt. Zu den interessantesten Künstlern, die sich die Inseln zum Thema gewählt haben, zählt der aus Santa Cruz stammende Alfredo Torres Edwards (1889–1943), dessen farbenfrohe Szenen mit in kanarischer Tracht gekleideten Frauen besonders ins Auge stechen. Zwei Säle sind dem ebenfalls in Santa Cruz geborenen Landschaftsmaler Nicolás Alfaro (1826–1905) und seinem Schüler Valentín Sanz Carta (1849–1898) gewidmet. Ein weiterer bedeutender Maler dieser Epoche war Manuel González Méndez (1843–1909) aus La Palma, von dem ein besonders markantes Porträt mit rotem Kopfschmuck und Ohrringen zu sehen ist. Die Attraktion des Museums ist allerdings das Nava-Grimón-Triptychon von 1546 aus der Werkstatt des flämischen Meisters Pieter Coecke van Alst (1502–1550). Im Mittelteil des Altarbildes wird Christi Geburt dargestellt, in den beiden Seitenflügeln die Beschneidungsszene und die Darstellung des Herrn. Falls die Flügel gerade geschlossen sind, sehen Sie die Verkündungsszene mit Maria und dem Erzengel Gabriel. Ein zweites herausragendes Werk stammt ebenfalls von einem Flamen – »Orpheus« von Jan Brueghel d. J. (1601–1678).

Iglesia de San Francisco

An die Rückfront des Museums lehnt sich die ehemalige Klosterkirche des Franziskanerordens an. Sie ist nach der Empfängniskirche die bedeutendste Kirche der Hauptstadt. Die Hauptfassade, eine Kombination aus dunklem Vulkangestein und weißem Putz, gilt als eines der schönsten Beispiele des Barock auf den Kanarischen Inseln. Der Innenraum der bereits im Jahr 1680 geweihten dreischiffigen Kirche wird von hohen Bögen getragen. Kunstvoll präsentiert sich die im Artesonado-Stil gebaute

Holzdecke, sie sieht aus wie ein umgedrehter Schiffsrumpf. Von der Ausstattung ragt der aus kanarischem Lorbeerholz gearbeitete elf Meter hohe Barockaltar heraus.

Die Decke der Iglesia de San Francisco ist ein Kunstwerk aus Holz.

KLEINE PAUSE

Unterhalb von der Franziskanerkirche finden Sie das **Plaza 18,** es hat ein paar Tische direkt unter einem riesigen Gummibaum aufgestellt.

✝ 185 D4

Museo de Bellas Artes
✉ Calle José Murphy 12, Plaza del Príncipe ☎ 922 24 43 58 🕐 Di–Fr 10–20, Sa–So 10–15 Uhr 💰 frei

Iglesia de San Francisco
✉ Calle Villalba Hervás s/n
🕐 Mo–Fr 9–13, 17.30–20 Uhr
💰 frei

Nach Lust und Laune!

13 Castillo de San Juan & Auditorio

An der neu gestalteten Wasserfront südwestlich des Hafenareals paart sich alt mit neu. Für das Alte steht das mittelalterlich anmutende Castillo de San Juan. Die Wehrburg aus der ersten Hälfte des 17. Jahrhunderts wurde zum Schutz vor Piratenangriffen errichtet. Als Baumaterial diente in der Region gebrochener schwarzer Basaltstein, die Festung heißt deshalb auch Castillo negro (schwarze Burg). Unter dem Blick der Soldaten verkauften auf dem Platz davor einst Sklavenhändler ihre aus Ostafrika stammende menschliche Ware. Östlich der »schwarzen Burg« thront unübersehbar das postmoderne Wahrzeichen der Inselmetropole – das von dem spanischen Architekten Santiago Calatrava entworfene, 2003 von Königin Sofia und dem damaligen Kronprinzen Felipe eingeweihte Auditorio. Der gelernte Bauingenieur und bekannteste Architekt Spaniens schuf mit seiner unverkennbaren Formensprache etliche außergewöhnliche Bauten, in die sich das Auditorium von Teneriffa – offiziell heißt es Auditorio Adán Martín – nahtlos einreiht. Von ganz nah betrachtet, etwa von einem Tischchen der wunderbaren Kaffeeterrasse, können Sie sehen, dass die Außenhülle des monumentalen Konzerttempels aus Millionen Stückchen gebrochener weißer Kacheln besteht. Auf der anderen Seite

Das imposante Auditorio von Santiago Calatrava ist das postmoderne Wahrzeichen der Stadt.

der Schnellstraße wartet die Eremita de la Virgen de la Regla aus dem Jahr 1643. Die kleine Kirche wird mittlerweile von neuen Wohnblöcken und Hochhäusern umgeben.

14 Parque Marítimo

Bei sonnigem Wetter sorgt der ans Meer grenzende Wasserpark für willkommene Abwechslung. Er wurde von dem Künstler und Landschaftsplaner César Manrique (1919–1992) aus Lanzarote entworfen. Dieser verstand es gekonnt, Kunst und Natur miteinander zu verbinden: türkisfarbene Pools kontrastieren effektvoll mit dem Grün von Palmen und wie zufällig platzierten dunklen Basaltfelsen. Die Anlage erinnert deutlich an den vom selben Künstler geschaffenen Lago Martiánez in Puerto de la Cruz. Ein Stück weiter südlich erstreckt sich das Palmetum – mit etwa 400 Palmenarten aus allen Kontinenten ist es das botanische Aushängeschild der Stadt.

15 Mercado de Nuestra Señora de África

Auf diesem Markt werden typisch spanische Produkte angeboten. Er erstreckt sich über mehrere Höfe, die miteinander verbunden sind. Man findet hier alles, von Obst und Nüssen bis hin zu Schinken und Käse. Im Tiefgeschoss befindet sich zudem eine *pescadería*, ein Fischmarkt. Wer typisch kanarische Lebensart kennenlernen möchte, der mischt sich einfach unter die Einheimischen und lässt die Atmosphäre samt Geräuschkulisse und Gerüchen auf sich wirken. In die Markthallen ist außerdem ein bunter Blumenmarkt integriert; das ganze Jahr über werden hier auf der Insel kultivierte Papageienblumen und prächtige Königsprotea angeboten.

16 Tenerife Espacio de las Artes (TEA)

Der multifunktionale Kulturkomplex ist ein weiteres Werk des renommierten Schweizer Architektenbüros Herzog & de Meuron. Er beherbergt das dem kanarischen Surrealisten Óscar Domínguez (1906–1958) gewidmete Instituto Óscar Domínguez, das Fotozentrum von Teneriffa und die Inselbibliothek Alejandro Cioranescu.

17 Plaza 25 de Julio

Der Platz ist besser unter dem Namen Plaza de los Patos (Entenplatz) bekannt. Seine offizielle Bezeichnung stammt vom Datum der militärischen Niederlage Lord Nelsons im Jahr 1797. Der Brunnen in der Mitte weist maurische Architektur- und Dekorationselemente auf. Das Zentrum des Wasserspiels nimmt eine Keramik-Ente ein, die von rund um das Becken hockenden Fröschen betrachtet wird. Sehr schön sind die mit Keramiken gefliesten Sitzbänke. Sie nennen die Namen der Firmen, die sie Anfang des 20. Jahrhunderts gespendet haben.

✚ 184 B/C4 ✉ auf halber Höhe an der Avenida de 25 de Julio

und Pflanzen, dazu kommen mehrere Brunnen und einige moderne Skulpturen, die während eines Kunstwettbewerbs entstanden. Der Brunnen in der Mitte ehrt den Bürgermeister García Sanabria, der diesen Park im Jahr 1922 ins Leben rief. Am südlichen Ende ist abends viel los, wenn die Hauptstädter sich in einem der Terrassenlokale auf ein Bier treffen und die Kinder sich auf den Schaukeln des kleinen Spielplatzes austoben.

✚ 184 C5 ✉ zwischen La Rambla de Santa Cruz und der Calle Méndez Núñez

18 Parque García Sanabria

Dieser Stadtpark ist voll von tropischen und subtropischen Bäumen

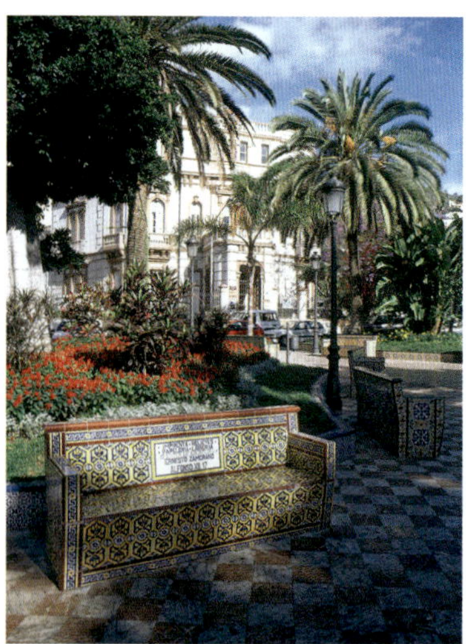

Die Keramikbänke und Brunnen verleihen der Plaza 25 de Julio leuchtende Farbtupfer.

19 Museo Militar

Das Museum ist in der 1884 fertiggestellten, ehemaligen Festung Almeida untergebracht. Vom Tor aus wird man von einem Soldaten ins Obergeschoss geführt, wo eine Ausstellung die Geschichte von Horatio Nelsons Niederlage auf Santa Cruz im Jahr 1797 erzählt. Nach einer Runde durch das Museum steht fest, dass dieses Ereignis für die Kanaren der stolzeste Moment war, zumindest militärgeschichtlich. In mehreren Sälen werden spanische Flaggen und Waffen gezeigt. Viel bestaunt wird immer die Kapitulationsfahne, mit der Admiral Nelson seine Niederlage eingestand.

✚ 185 D/E5 ✉ Calle San Isidro 2
☎ 922 84 35 00 ● Di–Sa 10–14 Uhr
🎫 frei

Die Beerdigung der Sardine

Am Aschermittwoch wird in Santa Cruz mit viel Tamtam eine riesige Sardine aus Pappmaschee in einem großen Umzug durch die Straßen gezogen – sprich, der Karneval zu Grabe getragen. Priester vorneweg, dahinter die trauernde Gemeinde mit als Klageweibern herausgeputzten Männern. Am Hafen angekommen geht die Sardine schließlich in Flammen auf, Feuerwerkskörper explodieren, heiße lateinamerikanische Rhythmen machen die Nacht zum Tag, und der Wein fließt in Strömen – ein skurriler, aber durchaus auch magischer Moment.

Wohin zum ...
Übernachten?

Preise für ein Doppelzimmer pro Nacht:
€ unter 80 Euro
€€ 80–150 Euro
€€€ über 150 Euro

Wer vorhat, den Karneval in Santa Cruz zu erleben (Mitte Februar), sollte sehr frühzeitig buchen und sich auf erhöhte Zimmerpreise einstellen.

Atlántico €

Sie werden kaum ein zentraler gelegenes Hotel finden als dieses freundliche, preiswerte Haus, nur einen Steinwurf von der Plaza de España entfernt. Es ist ein bisschen altmodisch, für einen Kurzaufenthalt aber bestens geeignet. Ein Restaurant gibt es nicht, dafür aber eine Café-Bar mit Terrasse im Obergeschoss, die auf die Fußgängerzone mit den vielen Geschäften hinausgeht. Hier trifft man sich zu einem Imbiss und um etwas zu trinken. Das Frühstück ist inklusive.
✝ 185 E3 ✉ Calle del Castillo 12
☎ 822 29 69 790 ⊕ www.hotelatlantico tenerife.com

Occidental Santa Cruz Contemporáneo €€

Das Haus ist leicht zu finden, denn es liegt an der Durchgangsstraße ins Zentrum. Das moderne, komfortable Businesshotel mit schönem Design ist eine gute Wahl, der Verkehrslärm aber nicht zu überhören. Nebenan liegt der Parque García Sanabria, eine grüne Oase. Die Café-Bar und das Restaurant haben Stil. Die Zimmer sind gut ausgestattet und mit Holzmöbeln und bunten Stoffen eingerichtet.
✝ 184 C5 ✉ Rambla de Santa Cruz 116
☎ 922 27 15 71 ⊕ www.barcelo.com

Taburiente €€

Das gut geführte Haus verfügt über einen Fitnessraum, eine Sauna, Tennis- und Squashplätze sowie einen Pool auf dem Dach, zudem gibt es eine Parkgarage. Viele Zimmer haben Balkon und einen schönen Blick auf den Parque García Sanabria nebenan. Das Restaurant bietet internationale Küche. Die Hauptsehenswürdigkeiten und die Einkaufszone erreicht man zu Fuß.
✝ 184 C5 ✉ Avenida Doctor José Naveiras 24A ☎ 922 27 60 00
⊕ www.hoteltaburiente.com

Wohin zum ...
Essen und Trinken?

Preise für ein Hauptgericht inklusive Getränk:
€ unter 20 Euro
€€ 20–40 Euro
€€€ über 40 Euro

SANTA CRUZ DE TENERIFE

Bulan €/€€

Das Altstadthaus nahe der Empfängniskirche überrascht mit asiatisch inspirierter Küche. Meist ist es hier über Mittag schon brechend voll (unbedingt reservieren!). Abends trifft man sich auf der Dachterrasse auf ein Bier oder einen Cocktail.
✝ 185 D3 ✉ Calle Antonio Domínguez Alfonso 35 ☎ 922 27 41 16 ⊕ www.bulan tenerife.com ⏱ tgl. 12.30–16, 20–1 Uhr

Gastro Mag Auditorio €/€€

Die großartige Architektur von Calatrava im Rücken, schaut man von der Kaffeeterrasse auf die Stadt und über ein altes Kastell hinweg hinüber zum am Meer aufgeschütteten Hügel, auf dem der Palmengarten Platz gefunden hat. Es gibt Snacks und kleine Speisen.
✝ 185 B1 ✉ Avenida Constitución 1 (im Auditorio) ☎ 608 25 21 79
⏱ Fr–So 11–20.30 Uhr

Clavijo Treinta y Ocho €€€

Die Terrasse dieses traditionellen Restaurants ist ein idealer Ort für ein Mittag- oder Abendessen unter freiem Himmel. Auf der Speisekarte stehen vor allem spanische Gerichte. Angeboten werden sehr gute

Fleischgerichte sowie eine hervorragende Karte spanischer Weine vom Festland.
♁ 184 C4 ✉ Calle Viera y Clavijo 38
☎ 922 27 10 65 🕐 Mo–Sa 13–16, 20–24 Uhr

El Libano €€
In einer Seitenstraße versteckt sich dieses hervorragende libanesische Lokal, das zur Mittagszeit von vielen Stammgästen besucht wird. Auf der reichhaltigen Speisekarte findet man Bekanntes wie Kebabs und gefüllte Weinblätter, auch vegetarische Gerichte.
♁ 184 A4 ✉ Calle Santiago Cuadrado 36
☎ 922 28 59 14 🕐 tgl. 13–16, 20–24 Uhr

Guannobí €€
Essen wie in Andalusien! Das Altstadtlokal unweit der Iglesia N. S. de la Concepción offeriert typische spanische Regionalküche und weiß auch durch eine heimelige Atmosphäre zu gefallen.
♁ 185 D3 ✉ Calle Antonio Domínguez Alfonso 34, ☎ 922 87 53 75
🕐 Mo, Do–So 13–23 Uhr

La Nueva Cazuela €€
In dem Lokal mit seinem hellen freundlichen Ambiente bestellt man den Salzfisch aus der Kasserolle, denn nichts anderes heißt cazuela übersetzt.
♁ 184 B/C4 ✉ Calle Robayna 34
☎ 922 57 63 29 🕐 Di–Sa 13–23, So 13–17 Uhr

La Hierbita €€
Das Lokal in der Altstadt unweit der Plaza de España gibt es schon seit 1893, in dem alten Bürgerhaus wird typisch Kanarisches aufgetischt wie Almogrote aus La Gomera, Ziegenkäse von La Palma und der Puchero canaria, ein herzhafter Eintopf. Probieren Sie die vegetarischen *croquetas*!
♁ 185 D3 ✉ Calle Clavel 19
☎ 922 24 46 17 🌐 www.lahierbita.com
🕐 tgl. 12 22.30 Uhr

La Taberna de Ramón €€
Das kleine Abendlokal ist meist schon kurz nach der Öffnung voll. Aufgetischt werden typisch spanische Fleisch- und Fischgerichte; stets eine gute Wahl sind auch der luftgetrocknete Iberico-Schinken oder der

tagesfrische Fisch (*Pescado del dìa*). An der Bar kann man leckere Tapas probieren.
♁ 184 B4 ✉ Rambla de Santa Cruz 56
☎ 922 24 13 67 🕐 Mo–Sa 19.30–23.00 Uhr

Mesón el Portón €€
Im heimeligen Gastraum werden unter einer rustikalen Balkendecke gute Fischgerichte aufgetischt, Sie können auch in der urigen Bar nebenan einfach nur eine Portion Serrano-Schinken nehmen.
♁ 184 C5 ✉ Calle Doctor Guigou 20
☎ 922 28 07 64 🕐 Mo–Sa 11–23 Uhr

Plaza 18 €€
Tagsüber sitzt man draußen unter einem mächtigen Gummibaum, zu fortgeschrittener Stunde in der bequemen Lounge-Ecke neben der Bar. Achten Sie darauf, was für Angebote gerade auf der Tafel stehen, es gibt auch etliche vegetarische Gerichte.
♁ 185 D4 ✉ Plaza San Francisco
☎ 822 17 30 14 🕐 tgl. 11.30–24 Uhr

Tasca La Montería €/€€
In der Restaurantgasse Combate haben Sie die Qual der Wahl zwischen etlichen guten Lokalen. Das Montería offeriert eine breite Auswahl an Tapas, aktuelle Tagesangebote stehen auf einer großen Tafel.
♁ 184 C4 ✉ Callejón del Combate 12
☎ 822 25 83 87 🕐 Mo–Sa 12–16, 19–23 Uhr

SAN ANDRÉS

Marisquería Ramón €€
Das Ramón hat sich auf Fisch- und Meeresfrüchte spezialisiert und ist eines der besten Lokale an der Playa de las Teresitas.
♁ 196 B4 ✉ Calle Dique 23
☎ 922 54 93 08 🕐 tgl. 12–23 Uhr

La Posada del Pez €€€
Das Fischlokal am südlichen Ortseingang von San Andrés weiß durch ein gediegenes Ambiente zu gefallen, und die nicht nur auf Seafood ausgerichtete gehobene Küche versucht immer ihr bestes zu geben.
♁ 196 B3 ✉ Carr. San Andrés – Taganana 2,
☎ 922 59 19 48, 🌐 www.restaurantelaposadadelpez.com 🕐 Di–So 13–16.30, 19–23 Uhr

Wohin zum ... Einkaufen?

Santa Cruz ist der Haupteinkaufsort auf Teneriffa. Passagiere von Kreuzfahrtschiffen gehen von Bord, um in den Geschäften beim Hafen zu bummeln; von Ferienorten aus gibt es Ausflugsfahrten eigens zum Einkaufen. Die meisten Geschäfte finden sich rund um die Plaza de la Candelaria und in der autofreien Calle del Castillo. Gut bummeln lässt sich zudem in der parallel dazu verlaufenden Calle Béthencourt Alfonso. Die Läden haben am Sonntag meist geschlossen, ebenso an Feiertagen und nachmittags zwischen 13 und 15 Uhr. Man sollte also rechtzeitig kommen!
Echtes Kunsthandwerk aus Teneriffa garantiert das Qualitätssiegel Artenerife. Die Produkte werden in einer eigenen Ladenkette vertrieben, Pavillons gibt es außer in Santa Cruz und La Orotava auch an den Strandpromenaden im Süden.

BOUTIQUEN UND BASARE

Geschäfte, die Artikel wie Parfüm, Alkohol oder Tabak verkaufen, locken ihre Kunden mit Duty-free- oder Tax-free-Etiketten in den Straßen rund um den Hafen. Zigarren, *puros*, aus heimischer Produktion werden gern gekauft. Viele Basare sind auf Schmuck, Porzellan, Teppiche und Seide, Uhren, Fotoapparate, Handys, optische Geräte und Elektroartikel spezialisiert. Oftmals lässt sich der an der Ware angegebene Preis noch herunterhandeln. Allerdings ist zu bedenken, dass Elektrogeräte oder Computerzubehör nicht unbedingt mit der Technik zu Hause kompatibel sind. Zudem sollte geprüft werden, ob der Garantieschein international gültig ist. Die etwas stilvolleren Boutiquen liegen an der Calle del Castillo.

KAUFHÄUSER/SUPERMÄRKTE

Santa Cruz kann mit Niederlassungen der großen Ladenketten vom spanischen Festland aufwarten wie El Corte Inglés (ein Block westlich des Busbahnhofs, Avenida del Tres de Mayo) oder Cortefiel (Calle del Castillo 54). Gigantische Supermärkte wie Continente bieten vor den Toren der Stadt zu Niedrigpreisen alles für den Bedarf der Einheimischen (Autopista del Sur, Ausfahrt Santa María del Mar, 6 km). Ein weiteres riesiges Einkaufszentrum ist das Alcampo (an der Straße nach La Laguna, Autopista Santa Cruz - La Laguna salida 7B, Las Chumberas, s/n, 38025 La Laguna).

KUNSTHANDWERK

Die breite Auswahl und die zivilen Preise in einigen renommierten Kunsthandwerksläden machen Santa Cruz zum geeigneten Ziel für den Kauf von Andenken und Geschenken – spezialisierte Kunsthandwerkszentren wie in La Orotava fehlen aber. In dem Pavillon von Artenerife an der Plaza de España finden Sie Inseltypisches wie Stickerei, Spitze, Korbwaren, Schnitzereien und Puppen in Tracht, zudem Delikatessen wie Honig oder Mojo (Artenerife, Plaza de España; Artesanía Celsa, Calle del Castillo 8).

MÄRKTE

Ein vergnügliches Einkaufserlebnis bietet der überdachte Markt von Santa Cruz, den Sie täglich besuchen können. Die 300 Stände mit Obst, Gemüse, Blumen, Kräutern, Gewürzen, Käse, Fleisch und Fisch, lebenden Kaninchen und Geflügel des Mercado Nuestra Señora de África sind ein Fest fürs Auge (tgl. 6–14 Uhr).

Wohin zum ... Ausgehen?

Lokalblätter wie »Tenerife News« oder das »Wochenblatt« bieten vor Ort stets aktuelle Infos zu Veranstaltungen.

ÜBERBLICK

Die Touristeninformation an der Plaza de España (Mo–Fr 9–18, Sa/So 9.30–13.30 Uhr, Tel. 922 89 29 03) hält auch viel Wissenswertes parat.

Abendliche Szene in der Puente Serrador.

THEATER UND KONZERTE

In Santa Cruz gibt es zwei wichtige Veranstaltungsorte: das moderne **Auditorio de Tenerife** (Avenida de la Constitución, Büro Tel. 922 56 86 00; www.auditoriodetenerife.com) sowie das klassische **Teatro Guimerá** in der Calle Imeldo Seris (Tel. 922 60 94 08; www.teatroguimera.es).

FESTIVALS UND VERANSTALTUNGEN

Der **Karneval** (*carnaval*) von Santa Cruz stellt alle anderen Ereignisse in den Schatten. Einer der Höhepunkte ist die Wahl der Karnevalskönigin, jede Gemeinde wählt eine eigene Königin. Bewertet werden das Kostüm und die Präsentation auf der Bühne. Die Umzüge finden an unterschiedlichen Terminen statt. Am Aschermittwoch wird in einem bizarren Trauerzug eine »Sardine« beerdigt (siehe »Magischer Moment«, S. 53). **Silvester** wird mit einer Party auf dem Hauptplatz gefeiert. Um Punkt 12 Uhr Mitternacht müssen in Höchstgeschwindigkeit zwölf Trauben gegessen werden. Die **Cabalgata de los Reyes Magos** (Heilige Drei Könige, 5./6. Jan.) und die **Semana Santa** (Karwoche) werden mit farbenfrohen Prozessionen begangen. Das **internationale Musikfestival** (Jan.–März) lockt Besucher von der ganzen Insel an. Am 25. August verbindet Santa Cruz das **Fest des Schutzheiligen** von Spanien, Santiago Apóstolo, mit einer Feier, die Nelsons Niederlage im Juli 1797 gedenkt.

AM MEER

Hinter dem betriebsamen Hafen von **San Andrés** liegt einer der schönsten Strände von Teneriffa, die **Playa de las Teresitas**. Südlich von der Plaza de España wurde das Hafengelände beim **Castillo de San Juan** in einen Lido mit ausgiebiger Badelandschaft umgestaltet, den **Parque Marítimo**. Informationen zum Thema Wassersport gibt es im **Club Nautico** (Avenida de Anaga, Tel. 922 27 37 00; www.rcnt.es).

NACHTLEBEN

Die Plätze in der Innenstadt von Santa Cruz de Tenerife, allen voran die Plaza de la Paz, sind voll von Cafés und Kneipen. Diverse Nachtlokale finden sich an der **Avenida Anaga** und an der **Rambla de Santa Cruz**. Auch im **Altstadtquartier** zwischen Plaza de España und Pfarrkirche gibt es etliche Bars und Pubs. Wer mit Einheimischen zu lateinamerikanischen Rhythmen die Nacht durchtanzen möchte, besuche die Disco **H 20** in Santa Cruz de Tenerife (Avenida de la Constitución). Nachdem einige Clubs im Zuge der Corona-Krise schließen mussten, ist es derzeit eine der angesagtesten Discos der Stadt. Im **Hotel Mencey** (Rambla de Santa Cruz 105) gibt es ein **Casino** (formelle Kleidung wird erwartet, und Sie müssen Ihren Pass mitnehmen; Spielautomaten ab 16 Jahre, die Spieltische sind ab 20 Uhr in Betrieb).

Blick vom Mirador de las Mercedes
auf La Laguna.

La Laguna und
der Nordosten

Koloniale Pracht im Welt-
kulturerbe, immergrüne
Bergwälder im Biosphären-
reservat – eine wunderbare
Symbiose von Kultur und
Natur.

Seite 58–79

Erste Orientierung

Ein Bummel durch die Altstadtgassen von La Laguna ist ein Muss! Das koloniale Stadtbild präsentiert sich fast wie ein großes Freilichtmuseum, völlig zu Recht steht es auf der Liste des UNESCO-Weltkulturerbes. Darüber hinaus bietet der Nordosten Teneriffas viel Natur im immergrünen Anaga-Gebirge sowie das größte Weinanbaugebiet der Insel, in dem ein tolles Weinmuseum zur Verkostung der lokalen Tropfen einlädt.

Kaum zehn Kilometer landeinwärts von Santa Cruz liegt die Ansiedlung, die bis ins 18. Jahrhundert die Hauptstadt des gesamten Archipels war: La Laguna. Hier gibt es nicht nur eine bedeutende Universität und ein lebendiges Nachtleben, sondern auch einen schön erhaltenen historischen Stadtkern zu bewundern. In Richtung Norden und Osten erstreckt sich das zerklüftete Anaga-Gebirge (Montañas de Anaga), in dem man herrlich wandern kann. Zu den Sehenswürdigkeiten in den Bergen zählen ein einsames Dorf am Meer, Taganana, und die Höhlenwohnungen von Chinamada. An der Nordküste finden sich mehrere kleine Strände und Siedlungen. Hier zieht es vor allem Wellenreiter hin. An der Straße westlich von La Laguna befinden Sie sich mitten in einem

Weinbaugebiet. Das Weinmuseum bei El Sauzal hält viele Informationen bereit. Südlich von La Laguna schlängelt sich eine hübsche Straße landeinwärts durch den Bosque de la Esperanza in Richtung Teide.

TOP 10
2 ★★ La Laguna
8 ★★ Montañas de Anaga

Nach Lust und Laune!
20 Stunt Galería de Arte
21 Bosque de la Esperanza
22 Tacoronte
23 El Sauzal & Casa del Vino de Tenerife
24 Casa de Carta (Museo de Antropología)
25 Bajamar & Punta del Hidalgo

Punta del Guincho
Punta del Hidalgo
25
Bajamar
25
Chamorga
Taganana
Chinamada
Taborno
Punta de Anaga
Tejina
8
Casa de Carta
24
Tegueste
Montañas de Anaga
Valle de Guerra
Casas de Abajo
La Laguna
2
El Sauzal
23
Tacoronte
22
20
San Andrés
Casa del Vino
23
Stunt Galería de Arte
Santa Cruz de Tenerife
La Esperanza
5 km
3 mi
La Matanza de Acentejo
toria nteje
Bosque de la Èsperanza
21
Barranco Hondo

Mein Tag auf kolonialen Spuren durchs UNESCO-Welterbe

Ein Bummel durch die alte Hauptstadt La Laguna gestaltet sich wie ein Ausflug in die spanische Kolonialzeit: Adelspaläste, stille Klöster und barocke Kirchen – dazwischen sollten Sie sich die Zeit nehmen, um irgendwo eine Kleinigkeit zu essen und vielleicht auch nach einem Mitbringsel Ausschau zu halten.

10 Uhr: Welterbe von oben

La Laguna ist für sein berüchtigtes Nieselwetter bekannt. Machen Sie es wie die Einheimischen und nehmen Sie einen Regenschirm mit. Sollten Sie im eigenen Wagen anreisen, bitte erst nach der allmorgendlichen Rush hour! Parken Sie dann im nächstbesten Parkhaus nahe der Plaza de la Concepción. Hier sind Sie bereits im Herzen der Altstadt. Den schönsten Blick über die Dächer der ersten Hauptstadt von Teneriffa haben Sie vom Turm der Empfängniskirche. Einen Lift gibt es hier allerdings nicht. Erschrecken Sie nicht, wenn Sie im fünften Stock am Glockenstuhl vorbeikommen – zu jeder Viertelstunde bricht hier ein höllischer Lärm aus!

11.30 Uhr: Flanierweg zur Kathedrale

Auch in der Welterbestadt hält man wie fast überall in Spanien die als heilig angesehene Siesta ein. Solan-

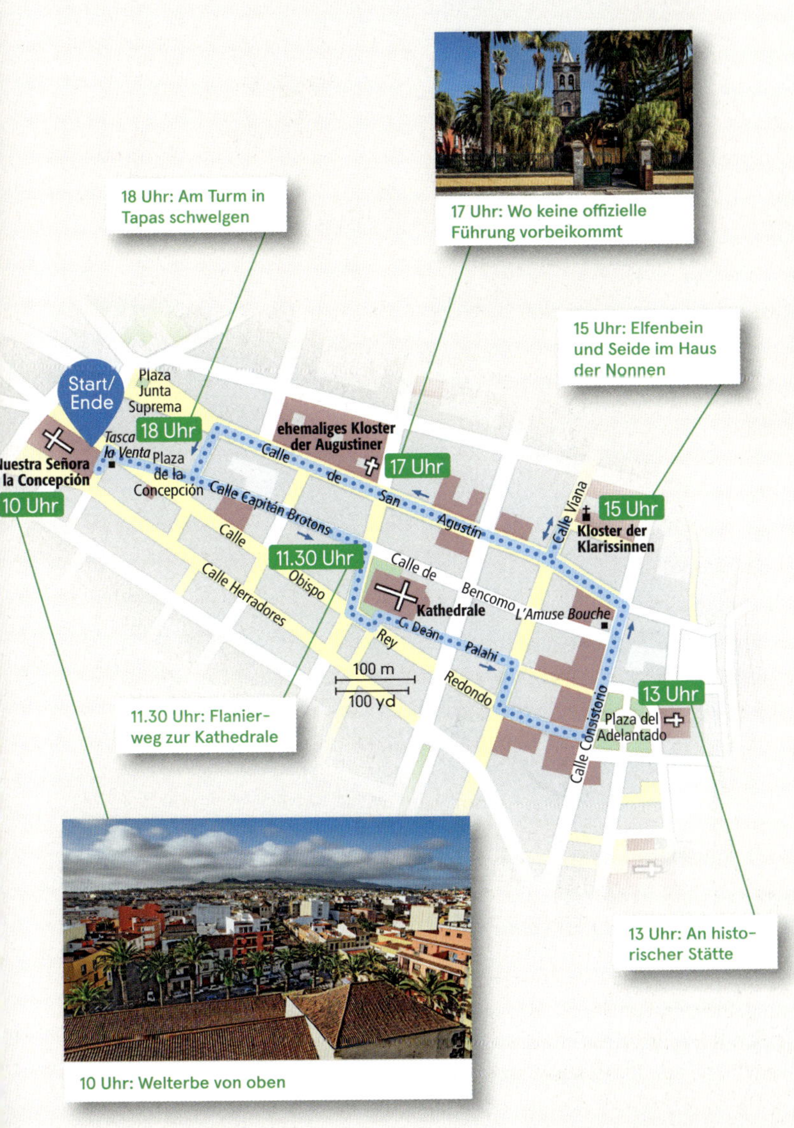

18 Uhr: Am Turm in Tapas schwelgen
17 Uhr: Wo keine offizielle Führung vorbeikommt
15 Uhr: Elfenbein und Seide im Haus der Nonnen
Start/Ende
Plaza Junta Suprema
18 Uhr
Tasca la Venta
ehemaliges Kloster der Augustiner
17 Uhr
Calle de San Agustín
Calle Viana
15 Uhr
Kloster der Klarissinnen
Nuestra Señora la Concepción
10 Uhr
Plaza de la Concepción
Calle Capitán Brotons
Calle
Calle Obispo
11.30 Uhr
Calle Herradores
Calle de Bencomo
Kathedrale
L'Amuse Bouche
C. Deán Palahi
Rey
Redondo
100 m
100 yd
Calle Consistorio
13 Uhr
Plaza del Adelantado
11.30 Uhr: Flanier-weg zur Kathedrale
13 Uhr: An histo-rischer Stätte
10 Uhr: Welterbe von oben

Oben: Flanierweg zur Kathedrale in der Altstadt von La Laguna.
Rechts: Ein Blick ins ehemalige Augustinerkloster in der Calle San Agustín.

ge die Läden offen haben, sollten Sie deshalb durch die Calle Obispo Rey Redondo spazieren. Hinter den barocken und klassizistischen Fassaden öffnen sich meist inhabergeführte Geschäfte. Hauptsehenswürdigkeit in der autofreien Straße ist die Kathedrale mit ihrem barocken Altaraufsatz.

13 Uhr: An historischer Stätte

An ihrem östlichen Ende mündet die Flanierstraße in die Plaza del Adelantado, den zentralen Stadtplatz, in dessen umliegenden Bauten sich einst die kirchliche und weltliche Macht konzentrierte. Mehr als 300 Jahre wurde hier Inselpolitik gemacht. Heute ist meist kaum was los, während der Siesta schon gar nicht. So können Sie von einer Bank neben dem plätschernden Marmorbrunnen in aller Ruhe die koloniale Atmosphäre aufnehmen. Nicht alles war hier immer so friedlich – anstelle des Wasserspiels befand sich einst der Galgen, an dem Tagediebe und Ketzer hingerichtet wurden.

Ein paar Schritte nördlich vom Platz hat sich in einem prächtigen Jugendstilbau aus dem Jahr 1909 das Casino de La Laguna eingerichtet, das den perfekten Rahmen fürs Mittagessen abgibt. Hier residiert ein alteingesessener Privatclub, doch das Lokal ist öffentlich. Sie können draußen im Vorhof ganz ungezwungen an einem der runden Bistrotische Platz nehmen oder drinnen in etwas steifer Atmosphäre das Tagesgericht probieren – alles wird zu kleinen Preisen angeboten.

Stimmungsvoller Ausklang eines erfüllten Tages in einem der Restaurants an der Plaza de la Concepción.

15 Uhr: Elfenbein und Seide im Haus der Nonnen

Sollten Sie an einem Donnerstag oder Samstag unterwegs sein, lohnt sich ein Abstecher zum Kloster der Klarissinnen in der Calle Viana. Bewundern Sie im dortigen Museum die kostbar bestickten Seidengewänder und mit Elfenbeinintarsien verzierten Buchständer. Was oft übersehen wird: Der Saal im Obergeschoss hat eine wunderbare, aus dem Kernholz der Kanarenkiefer errichtete Holzdecke.

17 Uhr: Wo keine offizielle Führung vorbeikommt

Von der Calle Viana westlich abbiegend bringt Sie die Calle San Agustín zum ehemaligen Kloster der Augustiner, aus dem später die erste Universität der Kanaren hervorging. Die Klosterkirche brannte allerdings im Jahr 1964 vollständig aus und wartet bis heute auf eine Restaurierung.

18 Uhr: Am Turm in Tapas schwelgen

Vom Augustinerbezirk kommen Sie in wenigen Minuten wieder zur Empfängniskirche an der Plaza de la Concepción zurück. Am späten Nachmittag beginnen sich dort die Tapasbars und Cafés wieder zu füllen. Die Tasca la Venta de la Esquina etwa zieht viele Stammgäste an, geschätzt wird hier vor allem die gute Auswahl an Tapas. Außergewöhnlichen Gaumengenuss verspricht die frittierte Blutwurst – doch Sie können es auch bei einer leckeren Tortilla und einem Gläschen des guten roten Hausweins belassen.

❷ ★★ La Laguna

Warum?	**Von der UNESCO geadelte koloniale Pracht**
Wie lange?	**Mindestens einen halben Tag, besser einen ganzen**
Wann?	**An einem Vormittag – idealerweise an einem Donnerstag oder Samstag, wenn alle Museen und Klöster geöffnet sind**
Was noch?	**Vom Turm der Concepción-Kirche hat man einen tollen Blick über die Welterbestadt**

Offiziell heißt die Stadt San Cristóbal de la Laguna. Im Jahr 1496 nahe einem heute verschwundenen kleinen See gegründet, war sie einst nicht nur die Hauptstadt von Teneriffa, sondern der gesamten Inselgruppe. Das Militär hatte hier genauso seinen Hauptsitz wie der Bischof und verschiedene Mönchsorden, die das Stadtbild mit ansehnlichen Kirchen und Klöstern bereicherten. Heute ist die Großstadt mit über 150 000 Einwohnern u. a. Sitz der bedeutendsten Universität auf den Kanaren.

Über die Jahrhunderte entstand in La Laguna ein einzigartiges Altstadtensemble mit bedeutenden historischen Prachtbauten, einer Universität und vielen sakralen Denkmälern.

An der begrünten Plaza del Adelantado befindet sich das barocke Rathaus (*Ayuntamiento*); von hier aus können Sie die zum Welterbe der UNESCO gehörende Altstadt am besten erkunden. Hinter dem Rathaus statten Sie zuerst der prächtigen, im 17. Jahrhundert erbauten Casa de los Capitanes an der Calle Obispo Rey Redondo einen Besuch ab; in dieser ehemaligen Residenz der Militärgouverneure gibt es heute wechselnde Kunstausstellungen zu sehen. Die Kathedrale mit ihrer neoklassizistischen Fassade wurde 1913 im neugotischen Stil errichtet. Zu den Kunstschätzen zählen die Kanzel aus dem 18. Jahrhundert und der Retablo de los Remedios, ein Altaraufsatz mit Darstellungen von Bibelallegorien. Er stammt von Martín de Vos, einem Schüler Tintorettos. Für La Laguna als Bischofssitz ist die Iglesia de la Concepción allerdings von größerer Bedeutung. Ihr Glockenturm wird schlicht als El Torre (Der Turm) bezeichnet. Seit die Kirche Anfang des 16. Jahrhunderts errichtet wurde, hat man viel an ihr verändert. Dennoch blieben einige Relikte aus der Spätgotik an der Fassade und an den Eingängen erhalten. Im Inneren sind zwei schöne Holzdecken im Mudéjar-Stil zu sehen.

Im Uhrzeigersinn von ganz oben:
der Glockenturm der Empfängniskirche
(Iglesia de la Concepción), die
neoklassizistische Fassade der Kathedrale
und der Innenhof der Casa Montañés.

Hier hängen auch Werke zweier der bedeutendsten
kanarischen Maler, Cristóbal Hernández de Quintana (1659
bis 1725) und Juan de Miranda (1723–1805). Mehrere Orden
gründeten in La Laguna Konvente und Klöster, so auch den
Monasterio de Santa Clara an der Calle Viana. Darin präsentiert das Museo de Arte Sacro Kirchenkunst.

Ehrwürdige alte Häuser

Die kanarischen Herrschaftshäuser in La Laguna sind höchs-
tens drei Stockwerke hoch – typisch ist die reiche Verwen-
dung von Holz. Hinter dem Eingang warten reizende Innen-
höfe (*patios*) mit umlaufenden Holzgalerien im ersten Stock.
Die schönsten dieser Häuser finden sich in der Calle San

Agustín. Die Casa Salazar mit der Hausnummer 28 ist eigentlich die Bischofsresidenz, aber während der Bürozeiten kann man sich den Innenhof ansehen. Ein Stück weiter die Straße hinunter folgt mit der Hausnummer 16 ein weiterer Prunkbau, die Casa Montañés. Sie wurde im 17. Jahrhundert von einem spanischen Offizier erbaut – mit edlen Holzarbeiten an den Türen, Fenstern und Innenhöfen. Das wahre Schmuckstück ist jedoch die zwischen den beiden Häusern liegende Casa Lercaro. Heute birgt sie das Museo de Historia y Antropología de Tenerife. Ein herausragendes Beispiel des lokalen Handwerks sind die prächtigen Holzgalerien. Die Ausstellung selbst vermittelt einen Einblick in die vorspanische Geschichte Teneriffas, die Eroberung und die Entwicklung bis heute. Zu sehen sind Dokumente, Landkarten, Artefakte, Werkzeug und Haushaltsgegenstände aus mehreren Jahrhunderten.

KLEINE PAUSE

Beliebt sind die Tapas-Lokale an der Plaza de la Concepción, dort lädt auch das **Café Palmelita** zu Kaffee und Kuchen ein.

 ✝ 195 E3/4

Catedral
✉ Plaza de la Catedral s/n
🕐 Mo–Fr 9.30–18, Sa. 9.30–12.30 Uhr
💶 6 € (einschl. Audioguide)

Iglesia de la Concepción
✉ Plaza de la Concepción s/n
🕐 tgl. 9–13.30, 18–20.30 Uhr

Museo de Arte Sacro
✉ Calle Viana 38 ☎ 922 25 85 30
🕐 Mo 10–14, Di–Fr 10–17 Uhr 💶 4 €

Museo de Historia y Antropología de Tenerife
✉ Calle San Agustín 22
☎ 922 82 59 49 🕐 Di–Sa 9–19,
So 10–17 Uhr 💶 5 €

❽ ★★ Montañas de Anaga

Warum?	Zu Fuß Teneriffas grüne Lunge entdecken
Was?	Natur pur, großartige Aussichten, wildromantische Küsten
Wann?	Am frühen Vormittag, noch bevor die Passatwolken das Gebirge in Watte hüllen
Wie lange?	Einen ganzen Tag
Was nehme ich mit?	Das Gefühl, fast am Ende der Welt gewesen zu sein
Was noch?	Essen im einfachen Fischlokal mit Aussicht

Das wildromantische Anaga-Gebirge prägt Teneriffas Nordostecke. In der abgeschiedenen, zu einem Biosphärenreservat der UNESCO erklärten Region kann man über schmale Straßen zu idyllischen Dörfern fahren – viel besser ist es aber, wenn Sie sich die Wanderschuhe anziehen und über die markierten Wege zu beeindruckenden Aussichtspunkten an der wilden Nordostküste spazieren.

Das Dorf Las Mercedes am Fuß des Anaga-Gebirges.

In der Umgebung von Taganana

Die bedeutendste Siedlung im Anaga-Gebirge ist Taganana.
Diese zieht sich an der Nordflanke an einem Steilhang nach
unten bis zum Meer. Etwa auf halber Höhe ragt die Iglesia de
Nuestra Señora de las Nieves auf, die vor allem für ihr flämi-
sches Triptychon aus dem 16. Jahrhundert bekannt ist. Was
Baudenkmäler angeht, wird sonst nicht mehr viel geboten,
aber die Gässchen und bescheidenen Häuser versetzen den Besucher in eine andere Welt, und der Blick auf das Meer wie auf
das mit Palmen bestandene Tal ist einfach herrlich.

Weiter im Westen

Ein anderer reizender Marktflecken weiter westlich ist Taborno. Richtung Norden ragt der Roque de Taborno (706 m) auf,
der wegen seiner Form auch das »Matterhorn Teneriffas« genannt wird. Etwas schwieriger ist es, nach Chinamada zu gelangen. Das Dörfchen befindet sich auf halber Höhe an der TF-
145, die bei Las Carboneras von der TF-12 abzweigt. Der fünf
Kilometer lange Fußweg nach Chinamada ist ausgeschildert.
Die Gehzeit beträgt rund drei Stunden hin und zurück, wobei
eine Pause zur Besichtigung des Ortes einkalkuliert ist. Zu den
Attraktionen gehören die Höhlenhäuser. In diesen zum Teil in
die Felsen hineingebauten Wohnungen lebt nur eine Handvoll
Menschen; das Innere gleicht in etwa einer ganz gewöhnlichen
Behausung unserer Zeit. Je nach verfügbarer Zeit können Sie
die Wanderung zu einer großen Tagestour ausbauen und in
zusätzlich zwei bis drei Stunden durch eine großartige Landschaft an die Küste nach Punta del Hidalgo absteigen.

Im Osten

Auf der Ostseite des Anaga-Gebirges verliert sich die Straße
im Dorf Chamorga. Die Anfahrt auf einer schmalen Bergstraße verlangt etwas fahrerisches
Können. Von einer kleinen Kapelle,
einer Reihe zusammengewürfelter
Häuser und ein paar Drachenbäumen abgesehen bietet dieses halb
verlassene Bauerndorf nicht viele
Attraktionen. Der Ort kann jedoch
mit mehreren Wandermöglichkei-

     LA LAGUNA UND DER NORDOSTEN

ten aufwarten, deren Ausgangspunkte ausgeschildert sind. Der schönste Weg führt nach <u>Roque Bermejo</u>, einer winzigen Siedlung an der Küste mit einem Leuchtturm in der Nähe.

Die Küste hält ebenfalls einige Überraschungen bereit. Mit Vorliebe besuchen Surfer die schwarzen Sandstrände an der Nordküste von Anaga, um sich hier in den Wellen zu tummeln – die Brandung ist die beste von ganz Teneriffa. Von der <u>Playa de San Roque</u> aus kann man gut beobachten, wie sie auf ihren Brettern am Horizont nach der nächsten guten Welle Ausschau halten. Wer das Meer ruhiger liebt, macht sich auf zur <u>Playa de Antequerra</u>. Der weltabgeschiedene Strand liegt etwa vier Kilometer östlich von Igueste am Fuß der schroff abfallenden Anaga-Berge und ist auf einer zwei- bis dreistündigen Wanderung erreichbar. Ein Spaziergang ist die Tour allerdings nicht, für das teils schwiege Terrain sollten Sie unbedingt Schwindelfreiheit und Trittsicherheit mitbringen. Bequemer haben es da die Einheimischen, die gemächlich mit ihren Booten zum Strand schippern.

Nicht verschwiegen werden soll an dieser Stelle, dass das Wetter im Anaga-Gebirge außerordentlich launisch ist. Oft ziehen bereits gegen Mittag dichte Wolkenbänke auf, die häufig auch Regen mit sich bringen. Sollten Sie an einem klaren Tag unterwegs sein, werden Sie die angelegten Aussichtspunkte umso mehr zu schätzen wissen. Spektakulär ist das Panorama beispielsweise vom fast 1000 Meter hohen Mirador del Pico del Inglés, von dem Sie ein erhabenes Bild über die Bucht von Santa Cruz auf den Teide genießen können. Sie erreichen den Aussichtspunkt über eine östlich vom Cruz del Carmen von der TF-12 abzweigende schmale Stichstraße.

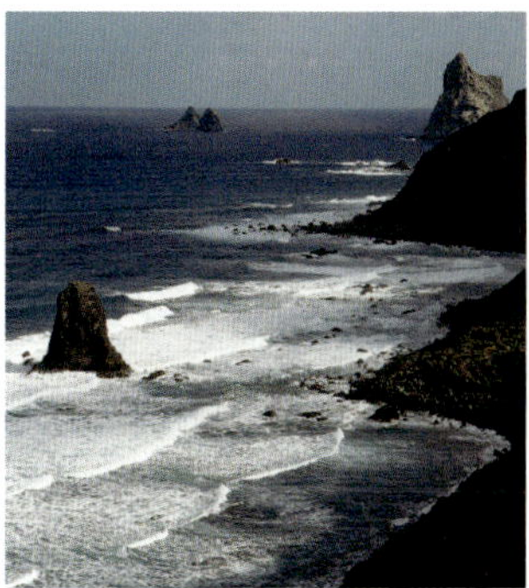

Die Brandung an der Nordküste ist meist recht stark.

KLEINE PAUSE
Es gibt mehrere einfache **Fischlokale** an der **Playa de San Roque.** Wählen Sie einfach eines davon aus!

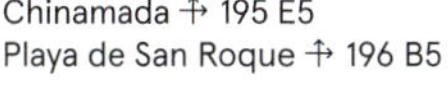

Nach Lust und Laune!

20 Stunt Galería de Arte

Diese kleine Galerie ist eine gute Adresse für moderne Kunst auf der Insel. Hier finden regelmäßig Ausstellungen spanischer Künstler von der Insel oder vom Festland statt, die durch Arbeiten ausländischer Künstler ergänzt werden.

✛ 195 E3 ✉ Calle Bencomo 7, La Laguna ☎ 922 25 25 28
🌐 www.stunt.es

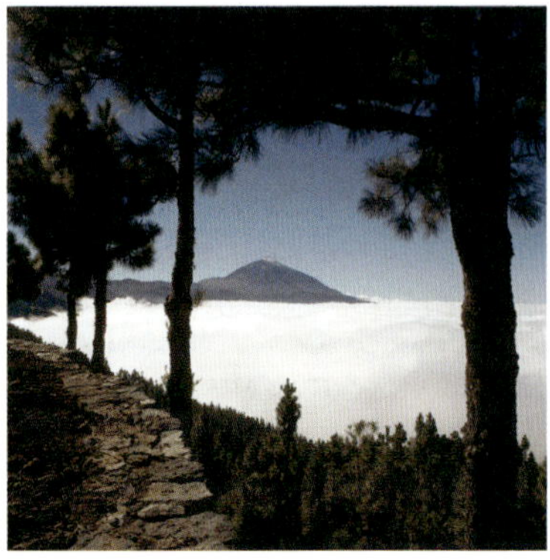

Vom Bosque de la Esperanza sieht man den aus den Wolken ragenden Pico del Teide.

21 Bosque de la Esperanza

Die dichten Wälder des Bosque de la Esperanza bedecken den hohen Gebirgskamm, der sich südwestlich von La Laguna in Richtung Pico de Teide erstreckt. Die Wälder eignen sich hervorragend, um ein bisschen zu wandern; an der Straße, die mitten hindurch führt, liegen acht schöne Aussichtspunkte. Wer von La Laguna kommt, nimmt die TF-24 in Richtung La Esperanza, einer eher gesichtslosen Streusiedlung. Wirklich schön wird es erst, wenn man an Höhe gewinnt und den Wald erreicht mit seinen vielen hochstämmigen Kiefern. Von beiden Seiten des Kamms gehen Wanderwege ab. Die Straße durchquert den Wald in ganzer Länge und führt dann zum Teide weiter. Einen Halt lohnt der schöne Aussichtspunkt Mirador Pico de las Flores. Von dort haben Sie einen herrlichen Blick gen Norden bis La Laguna und noch weiter bis zum Anaga-Gebirge. Vom Mirador de Ortuño, zehn Kilometer entfernt, kann man einen ersten Blick auf den Teide werfen. Das Beste kommt jedoch nach zwei Kilometern: Dort zweigt eine Straße zum Mirador de las Cumbres ab. Der Blick auf den Teide ist hier besonders beeindruckend, der Wald ringsherum nicht minder. Etwa zehn Kilometer weiter hören die Bäume auf, und es beginnt eine Art Mondlandschaft, die sich bis zum Teide zieht.

✛ 192 C2
✉ 5 km südlich von La Laguna

22 Tacoronte

Dieser Ort liegt mitten im Weinbaugebiet der Insel. Die Altstadt ist recht hübsch und lohnt einen kurzen Halt. Der Name Tacoronte gilt als das Guanchen-Wort für »Ort, an dem sich die Älteren treffen«, was Archäologen vermuten lässt, dass es sich um die Hauptstadt einer der Guanchen-Stämme handelte. Nach der spanischen Eroberung ließen sich hier viele portugiesische Siedler nieder. Der alte Stadtkern befindet sich an der Iglesia del Cristo de los Dolores und der Iglesia de Santa Catalina. In der ersten befindet sich eine hochverehrte Christusstatue aus dem 17. Jahrhundert; die Kirche ist auch unter dem Namen Santuario del Santísimo Cristo bekannt. Der Bau der Iglesia de Santa Catalina begann im 16. Jahrhundert, doch konnte das Gotteshaus erst gegen Ende des 18. Jahrhunderts fertiggestellt werden. Im Inneren gibt es eine schöne Kassettendecke aus Holz mit Intarsien zu sehen. Rund um diese beiden Kirchen erstreckt sich ein Gassengewirr mit mehreren herrschaftlichen Häusern. In Tacoronte geht es oft lebhaft zu, besonders während des Weinfests (*Fiestas de la Vendimia*) im September.

23 El Sauzal
& Casa del Vino de Tenerife

Gleich bei der Autobahnausfahrt El Sauzal steht ein stilvoll restaurierter Gutshof aus dem 17. Jahrhundert, heute das Paradebeispiel für den Weinbau auf Teneriffa schlechthin und gleichzeitig Museum: die Casa del Vino de Tenerife. Das Gut wurde von einem Kaufmann aus Andalusien (Südspanien) gegründet; es entwickelte sich schon bald zu einem florierenden landwirtschaftlichen Betrieb, der in der Mitte des 19. Jahrhunderts vorübergehend in die Hand des Präsidenten von Mexiko, José Joaquín de Herrera, geriet. Ursprünglich hieß das Gut Quinta de San Simón del Sauzal, es wurde dann aber 1992 von der Regierung von Teneriffa übernommen und restauriert – und eben in das heutige attraktive Weinmuseum umfunktioniert. Gehen Sie am Eingang links an der Rezeption vorbei und weiter zur Familienkapelle des Gründers mit ihrer bemerkenswerten Kassettendecke. Vom Innenhof geht es zum großen Ausstellungssaal, in dem eingehend die Geschichte des Weines auf Teneriffa und die Arbeit der Winzer präsentiert wird. An das Museum angeschlossen ist ein Weinladen, in dem die edlen Tropfen probiert werden können. An Sommerabenden finden im Innenhof klassische Konzerte statt. Nicht vergessen werden soll das gemütlich ausstaffierte Weinlokal mit seiner

Einladend: die Casa del Vino de Tenerife.

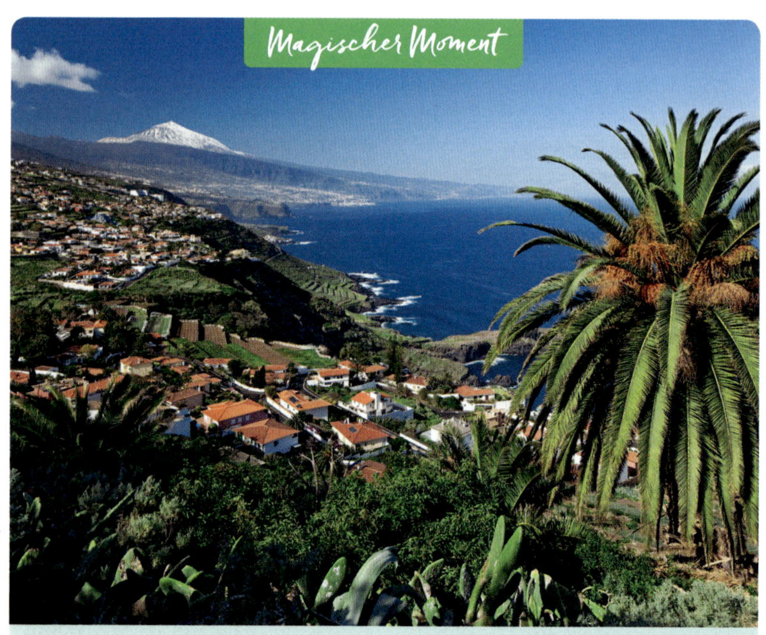

Hoch über den Klippen

Nach El Sauzal kommt man vornehmlich wegen der inselbekannten Casa del Vino. Doch in dem Weinstädtchen gibt es auch noch etwas anderes zu entdecken. Am Ortsrand lockt der Aussichtsplatz Mirador de la Garañona mit einem wunderhübschen subtropischen kleinen Park daneben. Setzen Sie sich dort auf eine Bank und genießen Sie im Schatten einer Palme das wahrhaft magische Panorama – die Kliffküste bricht hier an die 300 Höhenmeter fast senkrecht zu einem schwarzen Strand ab.

großen Aussichtsterrasse. Der Ort El Sauzal selbst ist ebenfalls hübsch. Hier gibt es viele Villen und reizende kleine Lokale. Im Stadtzentrum ragt die ungewöhnliche Iglesia de San Pedro auf, bekannt für ihre maurische, weiß getünchte Kuppel. Vom nicht weit entfernten Mirador de la Garañona genießen Sie einen magischen Blick auf die steil abfallende Klippenküste (siehe S. 74).

✛ 194 C3
Casa del Vino de Tenerife
✉ Calle San Simón, El Sauzal
☎ 922 57 25 35 ⊕ www.casadelvino
tenerife.com ◐ Di–Sa 10–20, So 10–18
Uhr ✦ 3 €

24 Casa de Carta (Museo de Historia Antropología)

Ein kleiner Umweg von Tacoronte nach Norden in Richtung Valle de Guerra führt zu diesem herrlichen Landsitz, der heute das Museum für Anthropologie (*Museo de Historia y Antropología*) beherbergt. Im Mittelpunkt der sorgfältig aufbereiteten Ausstellung stehen das Alltagsleben der Tinerfeños und ihr altes Handwerk, ein Saal ist der traditionellen kanarischen Tracht gewidmet. Lohnend ist auch ein Rundgang durch den kleinen botanischen Garten vor dem ehemaligen Gutshof.

✛ 195 D4
Museo de Historia y Antropología de Tenerife ✉ Autopista General del Norte ☎ 922 54 63 08
⊕ www.museosdetenerife.org
◐ tgl. 10–17 Uhr ✦ 5 €

25 Bajamar & Punta del Hidalgo

Diese beiden Küstenorte sind nur vier Kilometer voneinander entfernt und bilden zusammen ein Ferienziel an der Nordseite des Anaga-Gebirges. Sie bestehen hauptsächlich aus mehr oder weniger gesichtslosen Apartments und Hotels. Aber eine Attraktion gibt es dann doch: Wellen donnern gegen das schwarze Vulkangestein. Vom bescheidenen schwarzen Sandstrand bei *Bajamar* – was so viel heißt wie »am Meer unten« – abgesehen, gibt es keine Strände. Im Hintergrund ragt wie eine schwarze Wand das imposante Anaga-Gebirge auf.

Die Straße endet in Punta del Hidalgo; von hier geht es nur zu Fuß weiter. Eine Besonderheit sind die natürlichen Meerwasserbecken, die piscinas naturales, die aus den Felsen gehauen wurden. An einem stürmischen Tag donnern die Wellen über die Begrenzungen in das sonst friedliche Becken. Diese Ecke der Insel ist wirklich oft windig, der Ozean scheint zu brodeln. Die beiden Ferienorte sind recht ruhig, die Landschaft in der Umgebung beeindruckend. Auch wenn Sie nicht lange bleiben, nehmen Sie sich etwas Zeit, sehen Sie sich um und nutzen Sie die Bademöglichkeit.

✛ 195 D/E 4/5
✉ Bajamar 8 km nördlich von
La Laguna ✉ Punta del Hidalgo
11 km nördlich von La Laguna

Wohin zum … Übernachten?

Preise für ein Doppelzimmer pro Nacht:
€ unter 80 Euro
€€ 80–150 Euro
€€€ über 150 Euro

PUNTA DEL HIDALGO

Atlantis Park Resort €€

Die jüngst generalüberholte zweigeschossige Apartmentanlage liegt nur wenige Gehminuten vom Naturschwimmbad von Punta del Hidalgo entfernt. Die 68 geräumigen Ferienwohnungen sind für zwei Personen konzipiert und verfügen alle über Balkon und Kühlschrank. Außer einem Außenpool gibt es auch ein beheiztes kleines Hallenbad und eine Sauna. Im Wellnesscenter werden Massagen und kosmetische Behandlungen angeboten.
✣ 195 E5 ✉ Calle Oceano Artico 1
☎ 922 15 64 11 ⊕ www.atlantis-park.es

LA LAGUNA

La Laguna Gran Hotel €€€

Das Viersternehaus in der historischen Altstadt des UNESCO-Weltkulturerbes verbindet koloniales Flair mit modernem Komfort. Besonders stilvoll sind die mit viel Holz ausgestatteten Zimmer und Suiten im alten Teil des Gebäudes. Zu den Extras gehört der Dachpool.
✣ 195 E4 ✉ Calle Nava y Grimón 18
☎ 922 10 80 80 ⊕ www.lalagunagranhotel.com

Hotel Laguna Nivaria €€/€€€

Dieses Gebäude aus dem 18. Jahrhundert liegt im Süden der charmanten Altstadt von La Laguna. Eine der Hauptattraktionen ist der elegante Patio. Das Vier-Sterne-Haus bietet einen Wellnessbereich, zu dem ein Indoor-Schwimmbecken, eine finnische Sauna, ein türkisches Dampfbad, ein Fitnessraum sowie Massage- und Beauty-Anwendungen gehören. Das Spa steht auch externen Gästen offen. Im Restaurant werden überwiegend Produkte von einer zum Hotel gehörenden Bio-Finca im Valle de Guerra verwendet.
✣ 195 E4 ✉ Plaza del Adelantado 11
☎ 922 26 42 98 ⊕ www.lagunanivaria.com

TACORONTE

El Adelantado €

Dieses große traditionelle Bauernhaus aus dem 18. Jh. liegt auf einem weitläufigen Grundstück im Norden. Es kann zimmerweise oder als – große – Villa gemietet werden. Zur Ausstattung gehören zwei gemütliche Aufenthaltsräume und ein Frühstücksraum. Von der Terrasse blickt man auf den privaten Weinberg: Das Anwesen liegt auf mehr als 500 Metern Höhe in einem der wichtigsten Weinbaugebiete der Insel. Die Besitzer veranstalten Bonsai-Workshops und haben Gärten mit hauptsächlich kanarischen Pflanzen angelegt. Mindestaufenthalt drei Nächte.
✣ 195 D3 ✉ El Alentado 16, Tacoronte ☎ 922 27 11 35 ⊕ www.casaruralelade lantado.com

Wohin zum … Essen und Trinken?

Preise für ein Hauptgericht inklusive Getränk:
€ unter 20 Euro
€€ 20–40 Euro
€€€ über 40 Euro

Mehrere hervorragende Lokale, die sich auch für Familien eignen, finden sich an der Landstraße um La Esperanza und im Anaga-Gebirge, wo die Tinerfeños am Wochenende gern stundenlang zu Mittag essen. Die meisten Lokale hier haben viel Lokalkolorit. Im Univiertel von La Laguna um die Plaza Zurita findet sich eine Kneipen- und Cafészene. Die Gegend ist auch unter dem Namen El Cuadrilátero bekannt – hier gibt es mehr als 60 Bars. Bei den Studenten beliebt sind die irische Bar Cerveceria 7 Islas (Calle Heraclio Sánchez) sowie das El Buho (Calle

LA LAGUNA

Tasca 61 €/€€

Seit mehr als zehn Jahren voll im Trend liegt dieses kleine Lokal am nördlichen Rand der Altstadt. So weit wie möglich werden biologische Produkte von den Kanaren angeboten, etwa Ökofleisch aus El Hierro, und Linsen aus Lanzarote. Wunderbar sind die Salate, besonders lecker die überbackenen Auberginen.
✣ 195 D3 ✉ Calle Viana 61 B (in der Nähe des Aeropuerto del Norte) ☎ 636 02 13 53
🌐 www.tasca61.com 🕐 Di–Sa 13–16 Uhr

El Tonique €/€€

Ein Lokal mit Kellerambiente, ausgestattet mit viel Holz, Ziegel und Stein sowie über 150 Weinsorten, die an der Wand entlang aufgereiht sind. An der Bar gibt es eine breite Auswahl an Tapas, aber es sind auch Hauptgerichte erhältlich. Das Lokal ist bei Studenten ebenso wie bei Geschäftsleuten beliebt.
✣ 195 E3/4 ✉ Calle Heraclio Sánchez 23 ☎ 922 26 15 29 🌐 www.tascaeltonique.es 🕐 Mo–Sa 13–17, 20–24 Uhr

Taberna la Casa del Oscar €€

Eine der besten Tapasbars liegt in einer der schönsten Fußgängerstraßen der historischen Altstadt. Das Lokal ist bekannt für seine Wurst- und Schinkenspezialitäten vom spanischen Festland, für seinen würzigen Manchego-Käse, Tortillas, frittierten Tintenfisch, Sardinen etc. Zu den auch optisch attraktiv angebotenen Kleinigkeiten trinkt man am besten einen roten Landwein. Aber: Die Qualität hat ihren Preis.
✣ 195 E3/4 ✉ Calle Heradores 66 ☎ 922 26 52 14 🕐 Mo–Sa 8–24, So 10–16.30 Uhr

Patio Canario €/€€

Der Hof, nach dem dieses kanarische Restaurant benannt wurde, ist zwar sehr touristisch, aber ein idealer Ort für Tapas, Fleisch- und Käsegerichte sowie andere Leckereien. Er liegt in einem Haus aus dem 18. Jahrhundert, der Patio befindet sich hinter dem Barbereich.
✣ 195 E3/4 ✉ Calle Manuel de Ossuna 8 ☎ 922 26 46 57 🕐 Mi–Mo 12–16.30, 20–1 Uhr

TACORONTE

Los Limoneros €€€

Dieses elegante, gehobenere Restaurant liegt mitten auf dem Land im Osten des Dorfes Los Naranjeros und ist Treffpunkt für ein eher betuchtes Publikum. Hierher kommt auch die spanische Königsfamilie bei Besuchen auf Teneriffa. Die Küche ist traditionell gehalten, mit viel Lamm und Fisch, der Service höflich.
✣ 195 D3 ✉ Carretera General del Norte 447B ☎ 922 63 66 37 🕐 Mo–Sa 13–24 Uhr

Mi Merced €/€€

Typisches spanisches Restaurant mit schlichter Einrichtung, aber auf Hochglanz polierter Mahagonibar und Marmorfußböden. Das Speiseangebot ist klassisch mit einer Auswahl an kanarischen und kastilischen Gerichten sowie hervorragendem Grillfleisch. Auch die Auswahl lokaler Weine ist gut.
✣ 195 D3 ✉ Camino Real 280, Barranco las Lajas ☎ 922 56 72 36 🕐 Mi–Sa 12–17, 20 bis 22.30, So 12–17 Uhr; Mo, Di geschl.

EL SAUZAL

Casa del Vino €€

Diese Tapas-Bar mit Restaurant gehört zu einem fantasievollen Weinmuseum gleich an der Autobahn an der Nordküste; hier

Edle Tropfen in der Casa del Vino de Tenerife

können Sie die edlen Tropfen zunächst probieren, bevor Sie sich ein paar Flaschen zum Mitnehmen kaufen. Das Landhaus aus dem 17. Jahrhundert ist stilvoll, die kanarischen Spezialitäten werden köstlich zubereitet. Von der Sonnenterrasse hat man einen herrlichen Blick.
✣ 194 C3 ✉ El Sauzal ☎ 922 56 38 86 ◕ Di–Sa 10–23, So 10–19 Uhr

PUNTA DEL HIDALGO

La Caseta €
Das Lokal nahe den Meeresschwimmbecken ist auf frischen Fisch und Meeresfrüchte spezialisiert. Es gibt auch Paella, Kaninchen und Grillgerichte. Die zugehörige Konditorei bietet eine riesige Auswahl an Kuchen und Torten.
✣ 195 E5 ✉ Avenida Marítima 1 ☎ 922 15 66 32 ◕ Di–So 12–23.30 Uhr

Wohin zum … Einkaufen?

ANDENKEN

La Laguna ist zum Shoppen für Touristen wenig geeignet. Eine Ausnahme machen allerdings die **Artesanía Los Calados** (Calle Capitán Brotons 24), in der man hübsche Stickereien kaufen kann, und **Atlantida Artesanía** (Calle Agustín 55) mit einer Auswahl an Produkten der Insel. An der Plaza San Francisco gibt es mit dem **Mercado Municipal** einen großen Gemüsemarkt (Mo–Sa 7–14 Uhr).

WEIN

Tacoronte gehört zu den besten Weinregionen der Kanarischen Inseln. Wer einen guten Tropfen kaufen möchte, besucht die **Casa del Vino de Tenerife** unweit El Sauzal. Gegen einen kleinen Obolus kann man verschiedene Weine probieren; das mehrsprachige Personal ist gern behilflich. Gute Weine können Sie auch in den **Bodegas Álvaro** kaufen; die größte Weinkellerei Teneriffas liegt 2 km außerhalb von Tacoronte an der Straße nach La Laguna (Tel. 922 56 03 59, www.bode gas-alvora.com, Mo–Sa 9–17.30 Uhr).

Wohin zum Ausgehen?

LA LAGUNA

Die Unterhaltungsmöglichkeiten in La Laguna sind vor allem für die Einheimischen und die vielen Studenten gedacht. So ziemlich alle Vorstellungen sind in spanischer Sprache. Bei Interesse sollten Sie sich erkundigen, was das *Teatro Leal* (Calle Obispo Rey Redondo 54, Tel. 922 25 96 17) zu bieten hat. Infos zu kulturellen Events gibt es auf der Webseite www.culturay musicadelalaguna.es. An Fronleichnam (Mai/Juni) werden in den Straßen kunstvolle Bilder aus buntem Sand und Blumen gefertigt. Wer mit Kindern unterwegs ist, besucht das Museum der Wissenschaften und des Kosmos (**Museo de la Ciencia y el Cosmos**) mit vielen interaktiven Angeboten (Vía Laceta, Tel. 922 31 52 65, Mo–Sa 9–19, So 10–17 Uhr, 5 €).

WANDERN

Auf einigen Straßen im Anaga-Gebirge kommt es in der Hochsaison zu Staus. Planen Sie Ihre Wanderungen sorgsam als Rundtouren, denn in den Bergen gibt es keine Unterkunftsmöglichkeiten. Es geht zwar nicht übermäßig hoch hinauf, dafür aber steil, und auch plötzliche Wetterwechsel gehören beim Bergwandern dazu.
Über die ganze Halbinsel schlängeln sich Wanderwege. Landkarten und Informationen hält das **Centro de Visitantes in Cruz del Carmen** (Tel. 922 63 35 76) bereit; dort gibt es auch einen Aussichtspunkt und ein einfaches Restaurant. Es eignet sich gut als Ausgangspunkt für herrliche Wanderungen durch den **Lorbeerwald** zu malerischen Dörfern wie **Las Carboneras** oder **El Batán**. Andere interessante Routen beginnen in Chamorga oder an der zerklüfteten Küste bei Taganana.

VOGELBEOBACHTUNG

Wer gerne Vögel beobachtet, sollte ein Auge auf die endemische **Bolles-Lorbeertaube** werfen: Mit etwas Glück bekommt man sie in den Lorbeerwäldern im Anaga-Gebirge zu sehen. Punta del Hidalgo eignet sich gut, um Zugvögel zu beobachten. Zwischen La Laguna und Las Mercedes lohnt ein Halt am Straßenrand, um den **Kanarienvögeln** zu lauschen. In den dichten Kiefernwäldern von La Esperanza bekommen Sie die winzigen, akrobatischen **Goldhähnchen** zu sehen sowie die wunderschönen blauen **Buchfinken**. Ein guter Standort ist der Mirador bei El Diabillo auf dem Cumbre Dorsal zwischen Esperanza und dem Weg zum Berg Teide.

WASSERSPORT

Die Kiesbuchten an der **Punta del Hidalgo** mit ihren riesigen Brechern und beständigem Wind locken Surfbegeisterte an. Die Strömungen können um das nördliche Kap jedoch gefährlich sein! Wer schwimmen möchte, ist in den natürlichen Meeresbecken von **Bajamar** gut aufgehoben.

GOLF

Der älteste und nobelste Golfplatz auf der Insel ist der des **Real Club de Golf de Tenerife** bei Tacoronte (Tel. 922 63 66 07, www.rcgt.es). Er liegt im Schatten alter Bäume, und man hat einen herrlichen Blick auf den Teide.

Steile Schluchten, schroffe Berge und abgelegene Dörfer machen das Anaga-Gebirge zu einem der reizvollsten Wandergebiete auf ganz Teneriffa.

Festtagsvorbereitungen in La Orotava: Die Fronleichnamsprozession schreitet über einen großen Blumenteppich.

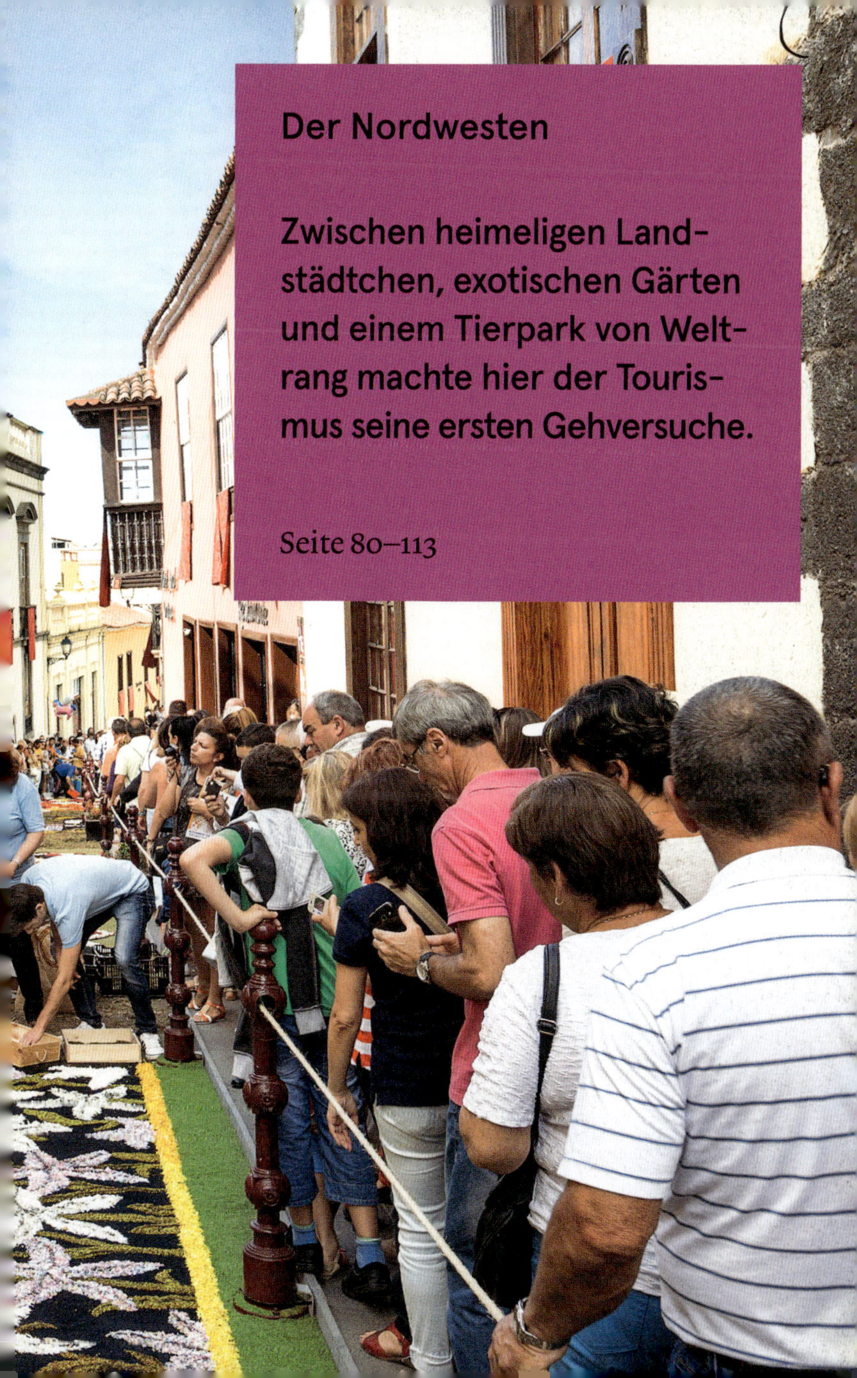

Der Nordwesten

Zwischen heimeligen Land-
städtchen, exotischen Gärten
und einem Tierpark von Welt-
rang machte hier der Tourismus seine ersten Gehversuche.

Seite 80–113

Erste Orientierung

In der nordwestlichen Ecke von Teneriffa erwartet Sie eine Fülle neuer Eindrücke. Sie können durch geschichtsträchtige Städtchen bummeln, in einem hübschen Ferienort am Meer verweilen – oder einen Ausflug in das wildromantische Bergland um das Dorf Masca unternehmen.

Puerto de la Cruz mag mit seiner eher nüchternen Silhouette aus Hotelburgen auf den ersten Blick vielleicht enttäuschen. Doch im Zentrum rund um die Plaza del Charco konnte die größte Ferienstadt im Norden noch viel von ihrem alten Charme bewahren. Mindestens genauso reizvoll ist La Orotava im Hinterland, das mit prächtigen Herrenhäusern und alten Klöstern zu den interessantesten Kolonialstädtchen der Kanaren gehört.

Auf dem Weg nach Westen kommen Sie durch eine ganze Reihe kleiner Landstädtchen. Machen Sie in Icod de los Vinos einen Halt bei dem archaisch anmutenden Drachenbaum und flanieren Sie durch die kopfsteingepflasterten Gassen des Hafenstädtchens Garachico. Oder fahren Sie auf einer abenteuerlichen Straße entlang der atemberaubenden Steilküste zur Punta de Teno, dem westlichsten Punkt der Insel. Den schönsten Sonnenuntergang auf Teneriffa bekommen Sie im Bergdorf Masca zu sehen; von dort aus können Sie (bei guter Kondition) durch den Barranco de Masca bis ans Meer wandern.

TOP 10
❸ ★★ Icod de los Vinos
❹ ★★ Puerto de la Cruz
❺ ★★ Loro Parque
❻ ★★ La Orotava

Nicht verpassen!
㉖ Garachico
㉗ Masca
㉘ Acantilado de los Gigantes

Nach Lust und Laune!
㉙ Cueva del Viento
㉚ Hijuola del Botánico
㉛ San Juan de la Rambla
㉜ Playa de San Marcos
㉝ Arguayo
㉞ Buenavista del Norte
㉟ Punta de Teno

Mein Tag zwischen Würgefeigen und Drachenbäumen

Puerto de la Cruz ist wie gemacht, um mit der exotischen Blütenpracht der Insel Bekanntschaft zu schließen. Mit dem Loro Parque wartet zudem Teneriffas beliebtester Themenpark darauf, von Ihnen entdeckt zu werden. Anfangen können Sie den Tag gerne mit etwas Bewegung, schließlich sind Sie im Urlaub und haben alle Zeit der Welt.

8 Uhr: Joggen im Palmenhain Kaum zu glauben, wer hier in ❹ ★★ Puerto de la Cruz vor dem Frühstück schon alles auf den Beinen ist! Vor allem die Einheimischen nutzen die frische Morgenluft, um im Parque de la Sortija unter Königs- und Dattelpalmen ihre Runden zu drehen. Vom Namen her kennt den kaum jemand, wohl aber den angrenzenden Taoro-Park. Hier können Sie neben Strelitzien, Zylinderputzern und Trompetenwein auch einen Blick auf die riesige Hotelruine werfen, in der vor mehr als hundert Jahren der Tourismus auf Teneriffa das Laufen lernte. Unterhalb davon öffnet sich die Aussicht auf die Wohntürme der Ferienstadt – und auf eine von der Bebauung ausgesparte Badelandschaft unmittelbar am Meer.

10.30 Uhr: In die Subtropen eintauchen Spätestens nach dem zweiten Milchkaffee gilt es zu entscheiden, welche

der vielen botanischen Attraktionen in der »Gartenstadt« es denn heute sein soll. Eine gute Wahl haben Sie mit dem Jardín Botánico getroffen: Hier erwartet Sie auf engstem Raum eine beeindruckende Fülle an tropischen Ziergewächsen und Gehölzen aus der ganzen Welt. Durch das Kronendach der australischen Baumfarne und luftwurzelnden Würgefeige dringt mitunter nur diffuses Streulicht. Achten Sie auf den aus dem tropischen Regenwald Südamerikas stammenden Kapokbaum – sein mächtiger Stamm ist mit tausenden von kegelförmigen Stacheln besetzt.

13 Uhr: Entspannen im Lago

Wenn die Sonne über der oft bewölkten Nordküste vom Himmel lacht, nehmen Sie sich vom Botanischen Garten zu den Pools des Lago Martiánez am besten ein Taxi. »Pool« ist übrigens eine pure Untertreibung: César Manriques gekonnt in Szene gesetztes Meeresschwimm-

Oben: Die Großblättrige Feige *(Ficus macrophylla)* bildet zahlreiche Luftwurzeln.
Rechts: Entspannen im Lago – in Manriques grandiosem Meeresschwimmbad.

bad verfügt über mehrere seegroße Becken. Wie von Riesenhand eingestreute dunkle Lavafelsen, ganzjährig blühender Hibiskus und lokale Arten wie die Kandelaberwolfsmilch machen den Besuch selbst dann lohnend, wenn Sie nicht ins Wasser gehen wollen. Vielleicht Manriques genialster Einfall: Manche der hier »angepflanzten« Bäume strecken ihre Wurzeln in den Himmel – er stellte sie einfach auf den Kopf!

15 Uhr: Vom Drachenbaum bis zur Orchidee

Die restliche Zeit des Nachmittags sollten Sie dem ❺ ★★ <u>Loro Parque</u> widmen, denn schließlich muss sich der recht teure Eintritt einigerma-

ßen rechnen. Wenn Sie wollen, können Sie vom Lago Martiánez aus mit einem Zubringerbähnchen zum westlichen Stadtrand fahren. Sie betreten das weitläufige Parkgelände durch eine im Thai-Stil gehaltene Tempelanlage. Lassen Sie sich dann einfach treiben, wonach Ihnen der Sinn steht. Auffällig ist sofort das viele Grün. Sie kommen durch ein reizendes Wäldchen aus eleganten Goldfruchtpalmen, auch das bizarre Geäst von haushohen Drachenbäumen wird Sie nicht kalt lassen. Im Sommer setzen feuerrot blühende Flammenbäume Akzente. Zwei Pflanzenfamilien widmet die Parkverwaltung besonders viel Pflege: Im Kaktusgarten wetteifern stachli-

Der Haifischtunnel im Loro Parque: ein aufregendes Erlebnis für die ganze Familie.

ge Gewächse aus allen Kontinenten um einen Platz an der Sonne und mit dem Orchideenhaus wird der weltweit in bis zu 30 000 Arten verbreiteten »Königin der Blumen« ein farbenprächtiges und dezent duftendes Denkmal gesetzt.

17 Uhr: Entdeckerfreuden hinter den Kulissen

Trotz der verschwenderischen Flora ist der Loro Parque natürlich in erster Linie ein Zoo. Doch schauen Sie auch mal hinter die Kulissen: Auf der Discovery Tour (muss extra gebucht werden) erfahren Sie etwa, was Pinguine an einem Tag so alles fressen, wie viele Zentner ein Schwertwal auf die Waage bringt und was es überhaupt für einen technischen Aufwand braucht, den Park am Laufen zu halten.

18.30 Uhr: Zu guter Letzt

Wenn Sie ohnehin in der Gegend und nach einem erfüllten Tag hungrig sind: Vom Haupteingang des Loro Parque kommen Sie in wenigen Gehminuten zu Brunelli's Steakhouse, dem besten Grill-Lokal weit und breit. Das Fleisch wird hier mit 800° C gegart. Doch Sie sollten vorher unbedingt reservieren, am besten einen Tisch am Fenster mit Meerblick (Calle Bencomo 42, Tel. 922 06 26 00). Das Lokal steht übrigens unter derselben Leitung wie der Loro Parque.

❸ ★★ Icod de los Vinos

Der Name des Landstädtchens weist bereits darauf hin, wovon früher die meisten Einwohner von Icod de los Vinos lebten. Die Weinberge mussten allerdings vielerorts ausgedehnten Bananenplantagen weichen. Feriengäste kommen hierher vor allem wegen dem ältesten Drachenbaum der Kanarischen Inseln – dieser thront in einem ihm gewidmeten Park mitten im Ort.

Dem Mythos zufolge entstanden diese Bäume aus den Blutstropfen eines Drachen.

Wenn Sie mit dem Auto in die Kleinstadt kommen, brauchen Sie lediglich der Ausschilderung zum Parque del Drago zu folgen: Dieser steht direkt unterhalb der Iglesia de San Marcos am östlichen Rand der Altstadt. Und wenn Sie sich das Eintrittsgeld für den Garten sparen möchten, können Sie bereits vom Kirchplatz aus einen unverstellten Blick auf den archaisch anmutenden Baumriesen werfen, bei schönem Wetter zeigt sich im Hintergrund die markante Silhouette des Pico del Teide.

Der knorrige Drachenbaum ist ca. 16 Meter hoch und bringt es unten am Stamm auf sechs Meter Durchmesser. Von den Einheimischen wird er gern »Drago milenario«, tausendjähriger Baum, genannt. Botaniker attestieren dem Methusalem aber »nur« ein Alter von maximal 400 bis 500 Jahren, in dessen Verlauf er allerdings ein unglaublich dichtes Geäst entwickelte. Drachenbäume haben keine Jahresringe, die Berechnung ihres Alters ist also eine Wissenschaft für sich. Der Saft des Baumes ist als Drachenblut bekannt, da er sich bei Luftkontakt rot färbt. Das »Blut« wurde früher für medizinische Zwecke benutzt und ist eine Naturfarbe. Rund um den Baum erstreckt sich ein gepflegter botanischer

Garten, in dem noch mehrere jüngere Drachenbäume wachsen. Er erlaubt einen exzellenten Einblick in die kanarische Pflanzenwelt. So gibt es neben verschiedenen Wolfsmilchgewächsen auch intensiv duftenden Kanarischen Jasmin und prächtige weiße Natternköpfe zu entdecken, die im Frühjahr bis zu anderthalb Meter hohe Blütenkerzen austreiben. Auch finden sich verschiedene Lorbeerbaumarten, im Herbst Früchte tragende Erdbeerbäume, Kanarischer Lavendel und ein großer Bestand der Kanaren-Flockenblume.

Der alte Drachenbaum von Icod de los Vinos ist das botanische Aushängeschild der Insel.

Ein unglaubliches Maß an Geduld muss wohl ein gewisser Jerónimo de Espellosa y Villabriga gehabt haben, ein Spanier, der auf Kuba lebte und im Jahr 1668, nach fünf langen Jahren Arbeit, das bemerkenswerte Silberkreuz im Museo de la Iglesia de San Marcos vollendete. Das Museum ist zwar nicht viel mehr als ein Raum in der gleichnamigen Kirche, und das einzig wirklich Sehenswerte hier ist eben dieses Silberkreuz. Das allerdings ist wirklich bemerkenswert: Es ist 2,45 Meter hoch, wiegt 48,3 Kilo – und wirkt trotz seiner Größe und seines Gewichts wie eine filigrane Stickerei. …

KLEINE PAUSE

Neben der Pfarrkirche lädt in dem Musikpavillon auf der schattigen Plaza de Cáceres eine **Cafeteria** zu einem guten Milchkaffee ein.

☩ 191 D4/5

Parque del Drago
✉ Plaza de la Constitución ☎ 922 81 45 10 🕐 im Sommer tgl. 9–20, im Winter 10–18 Uhr 💰 5 €

Museo de la Iglesia de San Marcos
✉ Plaza de la Iglesia
☎ 922 81 06 95 🕐 Mo–Sa 9–13.30, 16–18.30 Uhr 💰 3 €

❹ ★★ Puerto de la Cruz

Puerto de la Cruz war früher lediglich der Hafen des durch
Zuckerrohr und Wein zu einigem Wohlstand gekommenen
Landstädtchens La Orotova. Heute ist der meist nur kurz
»Puerto« genannte Küstenort Teneriffas größtes Ferien-
zentrum im Norden.

Auch wenn etliche weniger ansehnliche Hotelbauten aus den
1970er-Jahren das Stadtbild verunzieren, sollten Sie unbedingt durch die hübsche Altstadt bummeln und das von
dem Künstler César Manrique gestaltete Meeresschwimmbad besuchen. Wer sich lieber in die Wellen des Atlantiks

Hinter der Costa de Martiánez ragen die Häuser des Zentrums von Puerto de la Cruz auf.

stürzt, findet am westlichen
Stadtrand an der Playa Jardín
eine weitere gute Bademöglichkeit. An dem breiten Strand lässt
sich ebenfalls die gestaltende
Hand von Manrique erkennen.
Der von eingestreuten Basaltfelsen gesprenkelte Strand ist wirklich hübsch – sofern man nichts
gegen die schwarze Farbe hat.

Oberhalb des »Gartenstrands«
können Sie durch eine Grünan-
lage schlendern und von einer
der einfachen Cafeterias den unverstellten Meerblick genießen.
Am östlichen Ende des fast einen
Kilometer langen Strands ragen
die Mauern des Castillo San Felipe auf, einer Festung aus dem

17. Jahrhundert, die den Hafen vor unliebsamen Besuchern
schützen sollte. Hier werden oft Konzerte abgehalten und
Ausstellungen gezeigt.

Wieder zurück im Stadtzentrum können Sie sich den
weiteren Sehenswürdigkeiten widmen: Am westlichen Ende
des Lago Martiánez steht die winzige Ermita de San Telmo.
Die Kapelle wurde im Jahr 1780 von der Gilde der Seeleute
gegründet. Sonntagvormittags wird hier für die in Puerto
ansässige deutschsprachige Gemeinde und für Feriengäste
ein katholischer Gottesdienst in deutscher Sprache abgehalten. Rund 200 Meter westlich ragt die Hauptkirche der Stadt
auf, die Iglesia de Nuestra Señora de la Peña de Francia, ein
stattlicher Barockbau an der Plaza de la Iglesia. Näher am
Meer finden sich zwei gut erhaltene kanarische Herrschaftshäuser. Die Casa de Miranda beeindruckt mit herrlich
geschnitzten Balkonen aus Tea, dem Kernholz der Kanaren-
Kiefer; sie wurde im Jahr 1730 erbaut. In der Calle Lonjas
steht – mit Blick auf den Fischerhafen – die Casa de la
Aduana, das einstige Zollhaus. In diesem repräsentativen
Gebäude sind heute unter anderem das Büro der Touristeninformation und ein Kunsthandwerksgeschäft untergebracht.

Die Altstadt um
die Plaza
del Charco ist
ein Bummel-
revier – tags-
über genauso
wie abends.

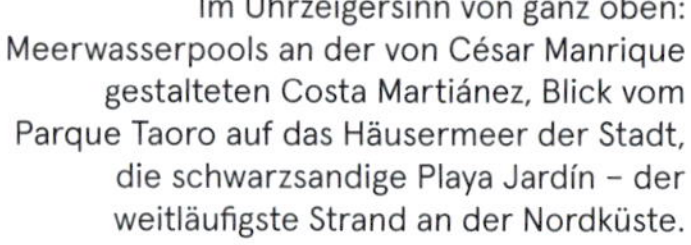

Im Uhrzeigersinn von ganz oben:
Meerwasserpools an der von César Manrique
gestalteten Costa Martiánez, Blick vom
Parque Taoro auf das Häusermeer der Stadt,
die schwarzsandige Playa Jardín – der
weitläufigste Strand an der Nordküste.

Das <u>Museum für Archäologie</u> (*Museo Arqueológico*) zeigt vornehmlich Keramik der <u>Guanchen</u>. Die einfachen Gefäße, Teller, Krüge, daneben auch einige Amphoren, die auf der Insel gefunden wurden, gehören zu den wenigen Objekten, die Rückschlüsse auf die indigene Kultur der kanarischen Ureinwohner zulassen. Das Museum ist in einem edel restaurierten Herrschaftshaus untergebracht. Ein kurzer Besuch lohnt sich allemal, vielleicht auch nur, um sich bewusst zu machen, dass die Kanarischen Inseln keine rein spanische Geschichte haben.

Der <u>Parque Taoro</u> oberhalb von der Altstadt ist eine der Keimzellen des Tourismus auf Teneriffa. Schon gegen Ende des 19. Jahrhunderts öffnete hier ein großes Luxushotel, in dem vornehmlich gut betuchte Gäste aus England den Winter verbrachten. Später beherbergte das Gebäude das Spielcasino, doch seit einigen Jahren steht es leer. Sie können tagsüber durch den Garten mit seinem alten Baumbestand spazieren und von Aussichtsplätzen zum Meer hinabschauen.

Exotische Flora

Rund 1,5 Kilometer vom Stadtzentrum entfernt liegt im Ortsteil La Paz der Botanische Garten (*Jardín Botánico*). Im Jahr 1788 ließ König Karl III. von Spanien diese Gärten anlegen; hier sollten aus Übersee eingeführte tropische Gewächse zunächst »akklimatisiert« werden, um sie dann später an den Hof in Madrid zu verpflanzen – angesichts der dortigen kühlen Wintermonate ein von vorneherein zum Scheitern verurteiltes Projekt. In Teneriffa jedoch gediehen die exotischen Pflanzen prächtig, und der Botanische Garten von Puerto avancierte unter Botanikern und Pflanzenfreunden schon bald zu einer herausragenden Adresse – zu den Besuchern der ersten Stunde gehörte Alexander von Humboldt. Die aus allen tropischen Regionen der Welt zusammengetragene Sammlung ist wirklich beachtlich: Zu den außergewöhnlichen Arten gehören ein Leberwurstbaum und eine riesige australische Würgefeige.

KLEINE PAUSE
Zum Mittagessen bietet sich 100 m weiter, in der Avenida Marquès de Villanueva del Prado, das Restaurant **La Magnolia** an, wo man schön draußen im Schatten sitzen kann.

✠ 192 B5

Casa de la Aduana
✉ Calle Lonjas ☎ 922 37 81 03 ◷ Mo–Sa 10–20 Uhr

Iglesia de Nuestra Señora de la Peña de Francia
✉ Plaza de la Iglesia s/n ◷ Mo–Sa 8.30–18.30, So zu den Messen um 8, 10 und 11 Uhr ❂ frei

Jardín Botánico
✉ Calle Retama 2 ☎ 922 38 35 72 ◷ April–Sept. tgl. 9–19, Okt.–März tgl. 9–18 Uhr ❂ 3,50 €

Lago Martiánez
✉ Avenida de Colón s/n ☎ 922 38 59 55 ◷ tgl. Mai–Sept. 10–18, Okt.–April 10–17 Uhr ❂ 5,50 €

Museo Arqueológico
✉ Calle del Lomo 9/a ☎ 922 37 14 65 ◷ Di–Sa 10–13, 17–21, So 10–13 Uhr, ❂ frei

Parque Taoro
✉ Carretera de Taoro ◷ tgl. ganztags ❂ frei

❺ ★★ Loro Parque

Warum?	Europaweit einer der besten Tier- und Freizeitparks
Was?	Rote Pandabären, Papageien, Pinguine …
Wie lange?	Mindestens einen halben Tag – damit sich der Eintritt lohnt
Was noch?	Auf der »Discovery Tour« hinter die Kulissen des Freizeitparks schauen
Was nehme ich mit?	Einen Schlüsselanhänger mit einem blauen Papagei vielleicht?

Mit einer kleinen Papageiensammlung fing alles an. Heute ist der Tierpark einer der beliebtesten Freizeitparks Europas, der alljährlich ein Millionenpublikum anzieht. Hauptattraktionen sind (allerdings nicht nur bei Tierschützern umstrittene) grandiose Shows mit Orcas, Delfinen, Seelöwen und auch Papageien.

Die Loro-Parque-Stiftung, der karitative Zweig des Loro Parque, finanziert weltweit Projekte zum Schutz von Papageien.

Es war ein Start mit Hindernissen: Als Wolfgang Kiesling seinen Park an einem verregneten Dezembertag im Jahr 1972 eröffnete, verirrten sich nicht einmal zehn Besucher auf das Gelände am westlichen Ortsrand von Puerto de la Cruz. Heute wird auf der 135 000 Quadratmeter großen Fläche ein fulminantes Programm mit perfekt inszenierten Shows geboten, und jedes Jahr gibt es neue Attraktionen. Damit es sich lohnt, sollten sie auch mal einen Blick hinter die Kulissen wagen: Auf dem 100-minütigen Rundgang der Discovery Tour (gegen Gebühr) erfahren Sie u. a. viel über die Technologie des Parks – mindestens zweimal täglich auch auf Deutsch.

Pinguinhaus, Freiflugvoliere, Haifischtunnel

Auf dem Rundgang durch die subtropische Gartenanlage mit thailändischem Dorf und ansehnlichem Drachenbaumwald folgt Highlight auf Highlight: Dazu gehören etwa die Tigerinsel und das Gorillagehege. Auch die putzigen Roten Pandabären sind, im Wortsinn, eine Schau. Einzigartig ist das den klimatischen Bedingungen der Antarktis angepasste Pinguinhaus (Schneekanone inklusive). Beim Spaziergang durch Katandra Treetops, eine der weltweit größten Freiflugvolieren, entdecken Sie Hunderte exotische Vögel. Im

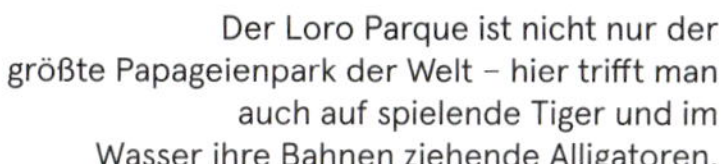

Der Loro Parque ist nicht nur der größte Papageienpark der Welt – hier trifft man auch auf spielende Tiger und im Wasser ihre Bahnen ziehende Alligatoren.

Aquarium tummeln sich Seepferdchen genauso wie riesige Mantas. Sensationell ist der Haifischtunnel. Und nicht versäumen sollte man die Loro-Show, bei der die erstaunliche Intelligenz der Tiere vorgeführt wird, nach denen der Park (span. Loro = Papagei) benannt ist.

KLEINE PAUSE
Auf dem weitläufigen Parkgelände haben Sie die Wahl zwischen sieben Lokalen, angefangen von der **Cafeteria Vista Teide** (mit Teide-Blick) bis zum Grill-Lokal **Patio del Loro.**

✢ 192 B5 ✉ 1,5 km westlich von Puerto de la Cruz ☎ 922 37 38 41 ⊕ www.loroparque.com ⏲ tgl. 8.30–18.45 Uhr 🗲 38 €

❻ ★★ La Orotava

Weshalb das Tal von La Orotava schon in vorspanischer Zeit besiedelt war, wird schnell beim Anblick der fruchtbaren Terrassenkulturen sichtbar, wenn auch heute viele davon der dichten Bebauung zum Opfer gefallen sind. Urbanes Zentrum ist das Landstädtchen La Orotava. Mit seinen Kirchen, prächtigen Stadtpalais und Balkonhäusern wirkt es wie ein getreues Abbild der kolonialen Epoche.

Alexander von Humboldt pries La Orotava als ein »durch die Verteilung von Grün und Felsmassen harmonisches Gemälde«, wie er es sonst nirgendwo auf der Welt gesehen hatte.

Gegründet wurde La Orotava zu Beginn des 16. Jahrhunderts schon wenige Jahre nach der Eroberung der Insel. Der Ort kam schnell zu Wohlstand und wurde nach La Laguna die zweitwichtigste Siedlung Teneriffas. Bereits im Jahr 1648 verlieh Philipp IV. dem aufstrebenden Ort das Stadtrecht. Einige Jahre zuvor entstand als Hafen das heutige Puerto de la Cruz, das bis 1813 zu La Orotava gehörte.

Obwohl sich die Stadt in den letzten Jahrzehnten weiter ausdehnte, hat sie ihren alten Kern mit dem repräsentativen Stadtbild weitgehend bewahren können. Bei einem Bummel durch die mitunter steilen Sträßchen sieht man immer wieder prächtige Fassaden mit den kunstvoll verzierten Balkonen alter Adelshäuser. Von der Europäischen Union wurde La Orotava in die Liste der erhaltenswerten europäischen Kulturgüter aufgenommen.

Der Durchgangsverkehr wird weitgehend um das historische Zentrum herumgeleitet. Wer mit dem Wagen kommt, sucht sich am besten schon in den neueren Wohn- und Geschäftsvierteln rund um die Plaza de la Paz bzw. die Plaza San Sebastián einen Parkplatz und geht von hier zu Fuß zur Plaza de la Constitución: Der blumengeschmückte Platz wird wegen seines beeindruckenden Ausblicks über die Dächer von La Orotava hinweg bis zur Küste häufig als »Balkon von La Orotava« bezeichnet.

Casas de los Balcones

In der Calle San Francisco sind mehrere elegante Stadthäuser zu bewundern. Geschmückt werden sie von den typischen, aus dem Kernholz der Kanarischen Kiefern gedrechselten Balkonen, die wie Galerien an den Fassaden hängen. Diese gaben den Häusern auch ihren Namen: »Casas de los Balcones«. Das erste, die Casa Fonseca, wurde 1632 errichtet. Im Erdgeschoss wird darin heute Kunsthandwerk verkauft. Man kann zuschauen, wie hier die traditionellen Hohlsaumstickereien gefertigt werden. Die ehemaligen Wohnräume im Obergeschoss und der hübsche Innenhof sind als Museum zugänglich. Das nicht weniger schöne Nachbarhaus, die Casa de Franchi, wurde 1670 errichtet. Heute findet man hier ein Teppichmuseum (*Museo de las Alfombras*): Allerdings handelt es sich in diesem Fall nicht um gewebte Werke, sondern um aus Lavasand gelegte Straßenbeläge, wie sie an Fronleichnam zum Einsatz kommen, wenn auf dem Platz vor dem Rathaus kunstvolle Pflasterbilder aus verschiedenfarbigen vulkanischen Auswurfprodukten gelegt werden.

Auf der anderen Straßenseite befindet sich die Casa del Turista, ein schlichter Renaissancebau aus dem Jahre 1590, der ursprünglich Casa Molina hieß. Von der Terrasse im hin-

Der schneebedeckte Gipfel des Pico del Teide ragt hinter der Nordküste Teneriffas auf; im Vordergrund sieht man die Häuser der Gemeinde La Orotava.

teren Gebäudeteil hat man einen guten Blick über das Orotava-Tal. Hier ist immer ein Bodenbild im Entstehen, das (wie das zur Fronleichnamsprozession geschaffene Pflasterbild vor dem Rathaus) aus farbigen Vulkansanden zusammengestellt wird. Ein paar Schritte bergauf stehen an der dreieckigen Plaza San Francisco die Relikte einer Gofiomühle. Wer weitere, mehr oder weniger verfallene Mühlen sehen möchte, spaziert die Calle Doctor Domingo González García entlang. Noch in Betrieb ist die Mühle in der Calle Colegio. Das Gebäude stammt aus dem 17. Jahrhundert; unterhalb gibt es noch das Aquädukt zu sehen, das die Mühle mit Wasser versorgte; heute wird sie mit Strom betrieben.

Die Geschichte des Dominikanerklosters in der Calle Tomás Zerolo 34 reicht bis ins ausgehende 16. Jahrhundert zurück, als dem Orden von einer einflussreichen Familie Räumlichkeiten zur Verfügung gestellt wurden. Heute befindet sich hier das Museo de Artesanía Iberoamericana mit kunsthandwerklichen Erzeugnissen aus vielen Ländern Lateinamerikas sowie aus Spanien. Sehr liebevoll zusammengestellt ist die Sammlung von Musikinstrumenten; dazu gehört etwa die *timple*, das traditionelle, an eine Gitarre oder Laute erinnernde kanarische Saiteninstrument. Durch die Calle Viera und die Calle Cólogan geht es dann hinauf zu einer der beeindruckendsten Kirchen der Insel, zur Iglesia de Nuestra Señora de la Concepción. Sie entstand in den Jahren 1768 bis 1788. Als Fundament diente ein Vorgängerbau aus dem 16. Jahrhundert, der durch ein Erdbeben 1705 zerstört wurde. Die dreischiffige Hallenkirche mit der großen wuchtigen Kuppel und den beiden kleinen Türmen ist ein Meisterwerk des Barock mit Stilelementen des Rokoko. Durch ein Dekret vom 18. Juni 1948 wurde sie zum Nationaldenkmal erklärt. Im Inneren sollte man neben dem schönen Chorgestühl, den Statuen der La Dolorosa und des hl. Johannes (von Luján Pérez) sowie dem Barockretabel der Virgen de la Concepción (17. Jh.) vor allem den Altar des Italieners Giuseppe Gagini beachten. In der Schatzkammer werden

Die Feierlichkeiten zu Fronleichnam sind das wichtigste Ereignis im Jahreslauf von La Orotava.

Sandbilder zieren zu Fronleichnam die Plaza vor dem Rathaus. Eine wahre Augenweide ist die La Casa de los Balcones in der Calle San Francisco.

kostbare Kultgegenstände aufbewahrt, die ursprünglich der Londoner St.-Pauls-Kathedrale gehörten.

An der **Plaza de la Constitución** kann man etwas trinken und eine Kleinigkeit essen. Wer größeren Appetit hat, der geht ins **Sabor Canario** (S. 111) im Herzen der Altstadt.

✝ 190 B5

La Casa de los Balcones
✉ 922 33 06 29 ⊕ www.casa-bal cones.com ● tgl. 9–18 Uhr ✦ 5 €

Casa del Turista
✉ Calle San Francisco 4 ☎ 922 33 06 29 ● Mo–Sa 9–19 Uhr ✦ frei

Museo de Artesanía Iberoamericana
✉ Calle Tomás Zerolo 34 ☎ 922 32 81 60 ● Mo–Fr 10–15 Uhr ✦ 3 €

Iglesia de la Concepción
✉ Plaza Casañas ● tgl. 9–13, 16.30–20 Uhr ✦ frei

㉖ Garachico

Warum?	In der hübschen Altstadt scheint jemand die Zeit zurückgedreht zu haben
Was?	Viel historisches Gemäuer und ein niedliches Kastell zum Schutz vor Piraten
Wie lange?	Einen halben Tag
Wann?	Am frühen Vormittag
Was noch?	Es den Einheimischen gleichtun und ein erfrischendes Bad zwischen den ins Meer ragenden Felszungen nehmen

Für viele Besucher ist Garachico mit seinen alten Klöstern und kopfsteingepflasterten Gassen einer der schönsten Inselorte. Doch das geschichtsträchtige Landstädtchen hat eine schwere Zeit hinter sich. Im Jahr 1706 zerstörte ein Vulkanausbruch beinahe die ganz Stadt. Doch zum Glück wurde alles wieder aufgebaut – fast so, wie es einmal war.

Kaum zu glauben, dass die kleine Bucht westlich vom Zentrum einmal der Haupthafen Teneriffas war, in dem die landwirtschaftlichen Produkte aus der Region umgeschlagen wurden. Heute gibt es mit dem Fischerhafen ein Stück weiter östlich zumindest wieder eine Anlegestelle. Doch dort trifft man so gut wie keine Ausflügler an – die Musik spielt rund um das Kastell, das einst den alten Hafen beschützen sollte.

Burgen und Klöster

Das wuchtige Castillo de San Miguel, eine typische Wehrburg aus dunklem Vulkanstein, wacht über die Küste. Innen gibt es eine Sammlung zur bewegten Stadtgeschichte, wobei der Vulkanausbruch von 1706 im Mittelpunkt steht. Die dem Kastell vorgelagerten Naturschwimmbecken (*Piscinas naturales*) sind vor allem an Sommerwochenenden ein beliebter Badeplatz. Das Herzstück der Altstadt ist die Plaza de la Libertad. Ein paar Schritte neben einem Kiosk erinnert hier ein Denkmal an

Die kompakte Altstadt von Garachico ist überaus einladend.

den südamerikanischen Revolutionär Simón Bolívar (1783-1830), dessen Großmutter aus Garachico stammte. Lohnend ist der Besuch des ehemaligen Convento de San Francisco, in dem heute die Casa de la Cultura untergebracht ist. Wenn Sie in das Kloster hineingehen, erwarten Sie dort zwei schöne Höfe. Der erste ist relativ schlicht, im zweiten wachsen Palmen und Rosenbüsche – hier spielte sich einst das eigentliche Klosterleben ab. Im Erdgeschoss befindet sich eine Sammlung historischer Aufnahmen von Garachico: ein interessanter Einblick in eine vergangene Welt. Aber auch die ausgestopften Vögel, die Schmetterlinge und Haushaltsgegenstände lohnen einen Blick. Die dazugehörige Iglesia de Nuestra Señora de Los Angeles sollten Sie sich auch wegen der edlen Mudéjar-Decke ansehen – mit etwas Glück ist das Gotteshaus geöffnet. Die Westseite der Plaza de la Libertad beherrscht die Iglesia de Santa Ana mit ihrem sechsstöckigen Glockenturm. Auch dieser Turm musste wie fast die ganze Kirche nach dem Vulkanausbruch von 1706 wieder neu aufgebaut werden. Auffällig ist die Casa Palacio de los Condes de la Gomera an der Südseite des Freiheitsplatzes. Wegen der aus dunklem Vulkanstein gebauten Fassade wird der ehemalige Palast der Grafen von La Gomera auch Casa de Piedra (Steinhaus) genannt. Die Räume im Erdgeschoss werden gelegentlich als Forum für Ausstellungen genutzt.

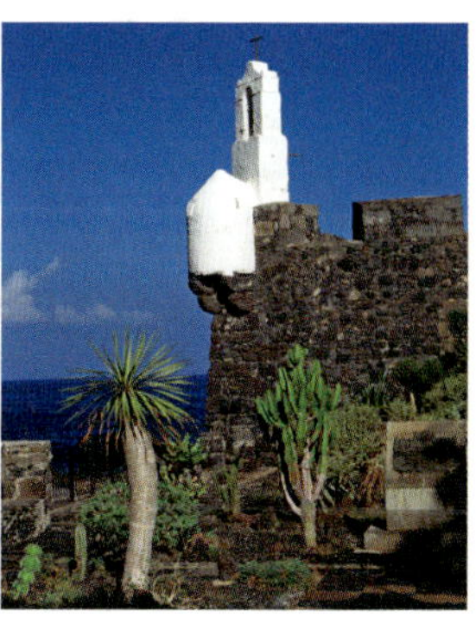

Das Castillo de San Miguel mit Blick auf das Meer birgt eine Sammlung zur Stadtgeschichte.

KLEINE PAUSE

Am Kiosk auf der Plaza de la Libertad kann man bei einem Heiß- oder Kaltgetränk die beschauliche Atmosphäre der Altstadt genießen.

✝ 190 C5

Touristeninformation
✉ Avenida República Venezuela s/n
☎ 922 13 34 61 🕐 Mo–Sa 10–15 Uhr

Castillo de San Miguel
✉ Tomé Cano s/n
🕐 Mo–Sa 10–16 Uhr 💶 2 €

Convento de San Francisco
✉ Glorieta de San Francisco
🕐 Mo–Fr 11–14, 15–17.50, Sa 11–15 Uhr 💶 2 €

# Masca

Warum?	Masca muss man einfach gesehen haben
Was?	Stimmungsvolles Bergdorf inmitten großartiger Landschaft
Wie lange?	Einen halben Tag
Wann?	Spätestens gegen 11 Uhr werden die Parkplätze knapp

Die dramatische Lage mitten im zerklüfteten Teno-Gebirge macht Masca zum malerischsten Dorf Teneriffas! Nach einem Ortspaziergang und der Einkehr in einem der aussichtsreichen Ausflugslokale können Sie eine anspruchsvolle Tour durch den berühmten Barranco de Masca hinab zum Meer machen – Trittsicherheit und gute Kondition vorausgesetzt!

Bis Anfang der 1960er-Jahre war das Dorf nur über Maultierpfade zu erreichen.

Egal, ob Sie von Norden oder Süden kommen, die Fahrt nach Masca (600 m) ist ein spannendes Unternehmen. Die Straße ist zwar in gutem Zustand, führt aber an äußerst steilen Abgründen vorbei. Wer mit dem eigenen Fahrzeug kommt, stellt es an der Hauptstraße oberhalb des Ortes ab. Die Parkmöglichkeiten sind allerdings sehr begrenzt. Alternativ zur Anfahrt im Mietwagen können Sie auch mit dem Linienbus anreisen oder sich einer organisierten Fahrt anschließen.

Das von hohen Bergen umgebene Masca besteht aus mehreren Ortsteilen, die sich über die Berghänge verteilen. Wo es möglich war, wurden terrassierte Felder angelegt. Da der Ort über eine ausreichende Wasserversorgung verfügt, grünt und blüht es überall. Die Häuser sind zweistöckig an die Hänge gebaut. Eine hölzerne Treppe führt zum Eingang hinauf. Zwischendecken im Innern fehlen, so gibt es meist nur einen Raum. Das Ortszentrum bildet die kleine Plaza bei der Kirche. Hier werden Souvenirs verkauft – vorzüglich ist der lokale Honig.

Wandern im Barranco

Wer in die Schlucht hinunterwandern möchte, nimmt kurz vor der Bar Blanky links den steil abwärts führenden Pfad, der einigermaßen gut ausgebaut in den Grund der Schlucht hinabführt. Im unteren Teil der Schlucht wird das Terrain zunehmend felsiger. Nach mehreren Unfällen, u. a. in Folge von Steinschlag, wurde 2021 der Weg neu gesichert und rela-

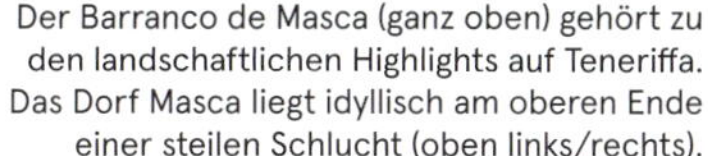

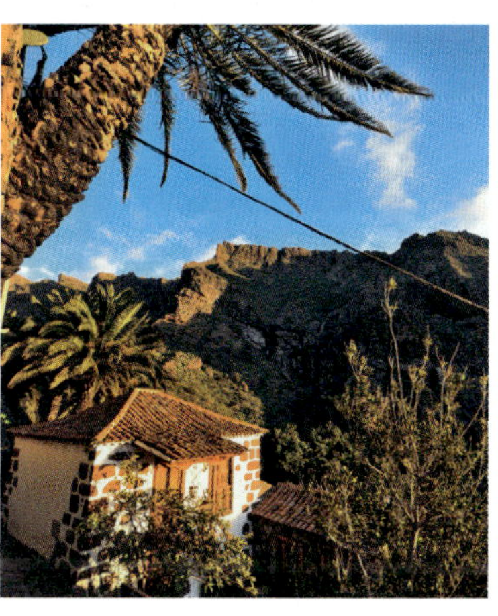

Der Barranco de Masca (ganz oben) gehört zu den landschaftlichen Highlights auf Teneriffa. Das Dorf Masca liegt idyllisch am oberen Ende einer steilen Schlucht (oben links/rechts).

tiv gut ausgebaut. Der Strand von Masca am Ausgang der Schlucht ist ziemlich steinig, das Baden ist hier offiziell verboten. Was Sie brauchen ist eine gute Kondition und ausreichend Trinkwasser, da es unterwegs keine Versorgungsmöglichkeit gibt. Für den Hin- und Rückweg sollten Sie gut sechs Stunden einplanen.

KLEINE PAUSE

Blanky (S. 112), unterhalb der Kirche gelegen, bietet eine besonders schöne Aussicht und serviert traditionelle kanarische Gerichte.

✝ 190 B3

㉘ Acantilado de los Gigantes

Die Kulisse ist einfach grandios! Das Teno-Gebirge bricht an der Nordwestküste der Insel senkrecht ab, fast 500 Höhenmeter. Nicht umsonst werden die unzugänglichen Klippen »Los Gigantes« genannt. Etwas südlich davon blieb Raum für ein paar Strände, die zusammen mit der Aussicht auf 365 Sonnentage im Jahr gleich zwei große Ferienorte hervorgebracht haben: Los Gigantes und Puerto de Santiago.

Rechte Seite: Die Klippen bei Los Gigantes ziehen sich weit an der Küste entlang.

Das überaus klare Wasser an diesem Küstenabschnitt ist ideal zum Tauchen, und so finden sich hier viele Tauchschulen, die entsprechende Ausrüstung verleihen und Tauchausflüge und Kurse für Anfänger und Fortgeschrittene anbieten. Vom Hafen werden erlebnisreiche Exkursionen entlang der Klippenküste bis zum Ausgang der Masca-Schlucht angeboten, oft begleiten Delfine die Ausflugschiffe.

Südlich von Los Gigantes – die beiden Hotelstädte sind so gut wie miteinander zusammengewachsen – hat Puerto de Santiago mit der Playa de la Arena einen attraktiven dunklen Naturstrand, der wegen des sonnigen Wetters das ganze Jahr über gut besucht ist. Bei auflandigen Winden brechen sich hier allerdings hohe Wellen, dann zeigt eine rote Fahne an, dass das Baden zu gefährlich ist. Verwaltet wird das Ferienzentrum vom 13 km oberhalb gelegenen Landstädtchen Santiago del Teide.

KLEINE PAUSE
Im alteingesessenen **Restaurante Pancho**, direkt an der Playa de la Arena, wird eine gute Fischküche geboten.

 ✝ 190 B2

ACANTILADO DE LOS GIGANTES

Nach Lust und Laune!

29 Cueva del Viento

In Icod de los Vinos können Sie im Ortsteil El Amparo mehr über das vulkanische Erbe der Insel erfahren. Auf 18 Kilometern verläuft hier eine der längsten Lavaröhren Europas. Im Rahmen einer Führung dringt man ein Stück weit ins Innere der etwa vor 27 000 Jahren durch einen Ausbruch des Pico Viejo entstandenen Vulkanröhre vor. Ziehen Sie feste Schuhe an und nehmen Sie einen warmen Pulli mit – im Inneren der Höhle ist es lediglich 10 bis 12 Grad Celsius warm. Das weit verzweigte Labyrinth bietet einer Vielzahl von Insekten, Käfern und anderen Kleinlebewesen einen Lebensraum in völliger Dunkelheit. Tickets gibt es nur über das Internet.

✛ 191 D4 ✉ Icod de los Vinos, Ortsteil El Amparo ⊕ www.cuevadelviento.net ⊘ Führung wechselnde Zeiten ✍ 20 €

30 Hijuela del Botánico

In La Orotova, gleich ein paar Schritte oberhalb vom Rathaus, gibt es einen kleinen Ableger des berühmten Jardín Botánico von Puerto de la Cruz.

✛ 192 B5 ✉ Calle Tomás Pérez, La Orotava ⊘ Mo–Sa 9–14 Uhr ✍ frei

31 San Juan de la Rambla

San Juan ist ein ruhiges Dorf, dessen historisches Zentrum im Wesentlichen aus zwei Plätzen besteht, der Plaza de San Juan und der Plaza Rosario Oramas daneben mit einer hübschen alten Kirche und ein paar Herrschaftshäusern. Das Dorf liegt an einem Felsvorsprung etwas nördlich der TF-5 und zieht sich den Berg bis zur zerklüfteten Küste hinunter.

✛ 191 E5 ✉ 11 km westlich von Puerto de la Cruz

32 Playa de San Marcos

In einer geschützten Bucht, umgeben von markanten, abrupt aufragenden Felswänden, liegt 2,5 Kilometer nördlich von Icod de los Vinos ein schwarzer Sandstrand in Form eines Halbmonds – die Playa de San Marcos. Ein großer Parkplatz zieht sich vom Strand den Küstenhang hinauf – das zeigt, wie beliebt der Strand bei den Einheimischen ist. Es gibt auch eine Handvoll Lokale, in denen man mit Blick übers Meer essen kann.

✛ 191 D5 ✉ 2,5 km nördlich von Icod de los Vinos

33 Arguayo

Der kleine Ort Arguayo liegt ein gutes Stück oberhalb der Ferienstadt Los Gigantes, dicht an der Schnellstraße TF-1, die hier in einem langen Tunnel einen Bergrücken durchsticht. Am oberen Dorfrand können Sie im Centro Alfarero ein Keramikmuseum besuchen und bewundern, was für hübsche Tongefäße die Ureinwohner Teneriffas herstellten. Und das ohne Töpferscheibe!

✢ 190 C3 ✉ Centro Alfarero, Carretera General 37 ☎ 922 86 34 65 🕐 Di–Sa 10–13, 16–19, So 10–14 Uhr 💶 frei

34 Buenavista del Norte

Hier, in einer der entlegensten Ecken der Insel, spielt der Tourismus noch keine große Rolle, ausgenommen der viel gelobte 18-Loch-Parcours mit zugehörigem Golfhotel etwas außerhalb an der Straße zur Punta de Teno. Im Stadtarchiv der 1498 gegründeten Siedlung finden sich portugiesische Schriften, die bis auf das Jahr 1512 zurückgehen. Das historische Zentrum liegt an der Iglesia de Los Remedios aus dem 16. Jahrhundert. Nicht weit davon entfernt stehen noch einige aus Naturstein errichtete Bauernhäuser (manche davon verlassen). In der Pasteleria El Aderno an der Calle La Alhóndiga lohnt es sich, anzuhalten, um einige der besten Backwaren zu kaufen, die es auf der ganzen Insel gibt.

✢ 190 B5 ✉ 75 km westlich von Santa Cruz de Tenerife

35 Punta de Teno

Die Punta de Teno gehört zu den ältesten Teilen der Insel. Die indigenen Guanchen dachten, dass hier vor Millionen von Jahren der Teufel seinen Ärger in Form von Lava in diese Richtung gespuckt habe. Die Felsklippen ziehen sich vom westlichsten Punkt Teneriffas landeinwärts gen Süden. Die landschaftliche Szenerie vermittelt ein Gefühl von wilder Ursprünglichkeit. Vor dem Leuchtturm von Punta de Teno können Sie an einem klaren Tag La Palma und La Gomera in der Ferne liegen sehen.

Die private Zufahrt auf der schmalen, in Küstennähe verlaufenden Straße ist wegen Steinschlaggefahr nicht möglich. Von Freitag bis Sonntag erreicht man die Punta de Teno ausschließlich mit dem Linienbus 369 ab Buenavista del Norte. Er verkehrt als Shuttle bis zu neunmal täglich.

✢ 190 A4 ✉ 18 km westlich von Garachico

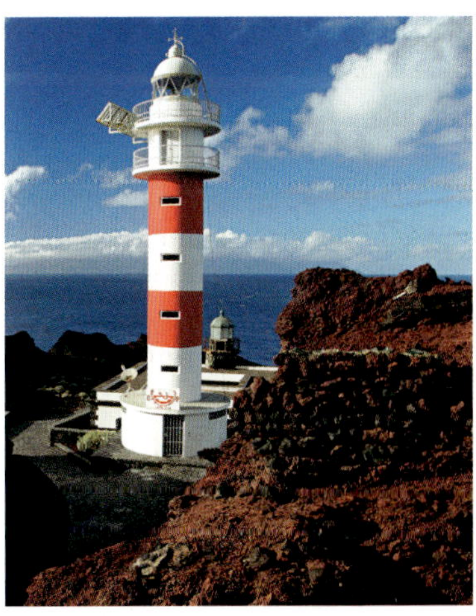

Die Punta de Teno ist eine Felsnase mit Leuchtturm und weitem Blick bis nach La Gomera.

Romantische Aussicht(en)

Wenn Sie gerade von der Punta de Teno in der nordwestlichsten Inselecke zurückkommen, fahren Sie am besten ins Fischlokal El Burgado, um den abenteuerlichen Anblick noch einmal Revue passieren zu lassen. Auf der Terrasse sitzen Sie unmittelbar am Wasser, vor Ihnen brechen sich die Wellen an der dunklen Lavaküste. Dahinter baut sich zum Greifen nahe das Teno-Gebirge auf, dessen schroffe Felswände abrupt zum Meer abfallen. Ein magischer Anblick – spannend und entspannend zugleich.
El Burgado, Playa de las Arenas, Tel. 922 12 78 31, Tgl. 12–21 Uhr

Wohin zum ...
Übernachten?

Preise für ein Doppelzimmer pro Nacht:
€ unter 80 Euro
€€ 80–150 Euro
€€€ über 150 Euro

LA OROTAVA

Hotel Alhambra €€
Die alte Villa aus dem 18. Jahrhundert wurde mit viel Liebe in ein im maurischen Stil gehaltenes Stadtpalais umgewandelt. Angeboten werden fünf geräumige Doppelzimmer und zwei Suiten. Reizend ist der von einem Glasdach geschützte Innenhof.
✝ 192 B5 ✉ Calle Nicandro González Borges 19 ☎ 922 32 04 34 ⊕ www.alhambra-teneriffa.com

Victoria €€
Dieses schöne kanarische Anwesen aus dem 17. Jahrhundert wurde sorgsam restauriert. Die 13 Zimmer und eine Suite sind gut ausgestattet, von der Dachterrasse genießt man einen herrlichen Blick bis zum Meer.
✝ 192 B5 ✉ Calle Hermano Apolinar 8 ☎ 922 33 16 83 ⊕ www.hotelruralvictoria.com

PUERTO DE LA CRUZ

Botánico €€€
Das Fünfsterne-Hotel liegt auf der gegenüberliegenden Straßenseite des Jardín Botánico und hat auch selbst einen schönen Garten. Innen ist das Haus nicht minder gepflegt. Die Möblierung ist klassisch-traditionell, die Gäste werden mit Sporteinrichtungen, einem gepflegten Wellnessbereich, einem Schönheitssalon und drei edlen Restaurants bestens umsorgt. In der Cocktaillounge spielt ein Pianist, ein Shuttlebus bindet das Hotel an das zwei Kilometer entfernte Stadtzentrum von Puerto de la Cruz an.
✝ 192 B5 ✉ Avenida Richard J. Yeoward 1, Urb. El Botánico ☎ 922 38 14 00 ⊕ www.hotelbotanico.com

Hotel Tigaiga €€€
Für sein kastenförmiges Design der späten 1950er-Jahre würde das in Familienbesitz befindliche Tigaiga keinen Preis gewinnen – dafür punktet es mit seinem hervorragendem Service, dem guten Preis-Leistungs-Verhältnis und einem konsequenten, mehrfach ausgezeichneten Ökomanagement. Üppige Palmen und 5000 Quadratmeter tropische Gärten (der Gründer war ein Amateurbotaniker) sorgen für reichlich subtropisches Grün. Toll ist auch die Aussicht, wahlweise aufs Meer oder den Teide. ... In unmittelbarer Nachbarschaft befinden sich die unter derselben Leitung stehenden Tigaiga Suites mit 30 hellen und modern möblierten Apartments, wahlweise mit einem oder zwei Schlafzimmern.
✝ 192 B5 ✉ Parque Taora 28 ☎ 922 38 35 00 ⊕ www.tigaiga.com

Marquesa €€
Am Kirchplatz, mitten im autofreien Herzen der Altstadt, steht dieses herrlich restaurierte Gebäude. Prächtig ist der von einer Balkongalerie gesäumte, überdachte Innenhof. An der Wand erinnert ein großes Porträt an einen berühmten Gast – Alexander von Humboldt logierte vor mehr als 200 Jahren in dem damals noch Casa Cólogan genannten Haus. Schöne Aussichten verspricht der kleine Pool auf der Dachterrasse.
✝ 192 B5 ✉ Calle Quintana 11 ☎ 922 38 3151 ⊕ www.hotelmarquesa.com

Monopol €€
Das Hotel pflegt den kanarischen Stil mit Holzbalkonen und einem Atrium, das einem Dschungel gleicht, so viele Pflanzen wuchern zwischen den Rattansofas bis zur Decke hinauf. Das Haus ist seit Generationen in Familienbesitz, das Personal ist freundlich, alles wirkt persönlich und nett. Die Zimmer sind unterschiedlich groß und individuell eingerichtet; alle verfügen über ein modernes Bad. Im Pool und Jacuzzi an der rückwärtigen Sonnenterrasse kann man warm und kalt baden.
✝ 192 B5 ✉ Calle Quintana 15 ☎ 922 38 46 11 ⊕ www.monopoltf.com

GARACHICO

San Roque €€€

Dieses stimmungsvolle Boutiquehotel zählt
sicherlich zu den schönsten auf Teneriffa.
Seine Mitgliedschaft in der Vereinigung der
internationalen Design-Hotels lässt ahnen,
dass hier ein wahrer Ausstattungskult betrieben wird. Elegante Sofas und Bauhaus-
sessel laden zum Verweilen ein, dazu kommt
ein herrlicher Pool. Die Zimmer sind in kräf-
tigen Farben eingerichtet, mit coolen Mö-
beln und einem Bad vom Feinsten. Gute Küche, freundliche Besitzer.
✝ 191 C5 ✉ Calle Esteban de Ponte 32
☎ 922 13 34 35 ⊕ www.hotelsanroque.com

LOS GIGANTES

Landmar Costa Los Gigantes €€

Das sehr große All-inclusive-Hotel liegt in
aussichtsreicher Hanglage, von den meisten
Zimmern genießt man die Sicht auf die
Nachbarinsel La Gomera. Das Landmar Costa
Los Gigantes bietet zahlreiche Aktivitäten an:
Vom Kinderclub bis zum großen Pool und
dem umfassenden Spa-Bereich mit diversen
Wellnessanwendungen ist dies ein guter Ort
zum Erholen für die ganze Familie.
✝ 190 B2 ✉ Calle Juan Manuel
Capdevielle 8, Playa de la Arena
☎ Tel. 922 86 29 91
⊕ www.landmarhotels.com

El Sombrero Apartments €

Die einfach gestalteten dreistöckigen
Apartments gruppieren sich rund um einen
kleinen Pool. Hier gibt es keinen Luxus,
aber die Anlage ist sehr gut gepflegt und
ideal für Familien, die auf eigene Faust
etwas unternehmen möchten. Die Apartments, wahlweise mit einem oder zwei
Schlafzimmern, verfügen alle über eine
Kochnische. Jedes Zimmer hat einen relativ
großen Balkon, und von einigen blickt man
über das Resort auf das Meer, das man zu
Fuß in etwa 15 Minuten erreicht. Die Apartments liegen an einem steilen Hang, der
Weg zum Strand ist etwas beschwerlich.
✝ 190 B3 ✉ Avenida José González 28,
☎ 922 86 13 53 ⊕ www.el-sombrero.com

GUIA DE ISORA

Abama €€€

Das im Stil einer maurischen Zitadelle er-
baute Luxusresort etwa 4 km südlich von
San Juan hat sich durch sein umwerfendes
gastronomisches Angebot einen Namen gemacht. Hier haben Sie gleich zwischen drei
mit Michelin-Sternen dekorierten Lokalen
die Wahl. Doch Exklusivität hat ihren Preis:
Viel teurer als in diesem zur Gruppe
Ritz-Carlton gehörenden Fünfsternehaus
können Sie auf den Kanaren nicht wohnen.
✝ 190 C2 ✉ TF-7, km 9 ☎ 922 12 60 00
⊕ www.ritzcarlton.com

Wohin zum …
Essen und Trinken?

Preise für ein Hauptgericht
inklusive Getränk:
€ unter 20 Euro
€€ 20–40 Euro
€€€ über 40 Euro

LA OROTAVA

Casa Lercaro €/€€
Das heimelige Herrenhaus ist Handwerks-
zentrum und Restaurant zugleich. Eine Einkehr lohnt sich vor allem wegen der Kulisse
aus dem 17. Jahrhundert. Besonders schön
sitzt man unter einer Holzgalerie im begrünten Patio, in dem ein großer Drachenbaum
steht. Das Essen ist herzhaft und typisch
spanisch.
✛ 192 B5 ✉ Calle Colegio 7
☎ 922 32 62 04 ⊕ www.casalercaro.com
🕐 tgl. 12–16.30, 19–22 Uhr

Sabor Canario €€
Mitten in der historischen Altstadt von La
Orotava ist in einem typisch kanarischen
Haus dieses hübsche Restaurant untergebracht. Besonders schön ist der ruhige Innenhof, in dem typisch kanarische Hausmannskost auf den Tisch kommt, etwa der
Eintopf *ropa vieja* (wörtlich: alte Kleidung),
sowie Kaninchen, gebratener Ziegenkäse …
✛ 192 B5 ✉ Calle Carrera Escultor Estevez 17
☎ 922 32 27 93 🕐 Mo–Sa 12–16, 18–22 Uhr

PUERTO DE LA CRUZ

Café París €
Idealer Treffpunkt an der Promenade für einen Kaffee oder einen Snack zwischendurch. Bei einem Cocktail kann man hier
auch den Abend genießen.
✛ 192 B5 ✉ Avenida Colón 2
☎ 922 38 40 00 🕐 tgl. 9–24 Uhr

El Templo del Vino €€
Im alten Fischerviertel von Puerto bieten
die deutschen Wirtsleute im »Weintempel«
eine große Tapas-Auswahl an. Daneben gibt
es auch Lamm aus dem Ofen oder den an
einem Galgen servierten Fleischspieß, zu
dem zwei tolle Saucen gereicht werden.
Gute Weine gibt es natürlich auch.
✛ 192 B5 ✉ Calle El Lomo 2
☎ 922 37 41 64 ⊕ www.templodelvino.com
🕐 tgl. 13–22 Uhr

El Balcón de Luis €€
Bei Luis sitzen Sie im Herzen der Altstadt in
einem der ältesten Häuser von Puerto de la
Cruz. In dem rustikal ausgestatteten großen
Innenhof, es gibt hier noch weitere Lokale,
werden typisch kanarische Gerichte aufgetischt – Lamm, Zicklein, Kaninchen, Fisch.
✛ 192 B5 ✉ Plaza del Charco
☎ 642 03 09 50 🕐 Di–Sa 13–23, So 13–16 Uhr

La Magnolia €€€
Das Lokal im Viertel La Paz bietet sich nach
einem Besuch des nahen Botanischen Gartens an. In elegantem Rahmen wird katalani-
sche und internationale Küche serviert. Erwähnenswert ist die gute Auswahl an
kanarischen und spanischen Weinen.
✛ 192 B5 ✉ Avenida Marqués de Villanueva
del Prado s/n ☎ 922 38 56 14
⊕ www.restaurantemagnolia.com
🕐 Di–So 13–16, 19–24 Uhr

Mesón El Monasterio €€
Dieses ungewöhnliche Lokal, ein ehemaliges
Kloster aus dem 17. Jahrhundert, liegt im
Ortsteil La Montañeta von Los Realejos, einem Nachbarort von Puerto de la Cruz.
Kleinvieh läuft frei auf dem Grundstück herum. Rustikale Gaststuben und eine Terrasse
mit Tischen im Freien sind das richtige Ambiente für Grillspezialitäten sowie eine große
Auswahl an Weinen. Viele Gäste kommen
auch gern nachmittags zum Kaffee hierher.
✛ 192 B5 ✉ La Montañeta, Los Realejos
☎ 922 34 07 07 ⊕ www.mesonelmonasterio.
com 🕐 tgl. 10–23 Uhr

LOS GIGANTES

Restaurante Pancho €€
Einer der besten Küchenchefs der Insel ist
für das Renommee dieses schönen Lokals
verantwortlich. Hauptattraktion: Auf der

geräumigen Terrasse stehen die Tische im Schatten der Bäume an der Playa de la Arena. Neben Fisch und Meeresfrüchten gibt es auch Paella. Außerdem hält man ein gutes Weinsortiment vorrätig!

✝ 190 B2 ✉ Playa de la Arena, Puerto de Santiago ☎ 922 86 13 23 ⊕ www.restaurante pancho.es ◐ Di–Sa 13–16 und 20–22, So 13 bis 16 Uhr

GARACHICO

Restaurante La Perla €

Garachico ist eher einfach, was auch für das Essen gilt. Im La Perla bekommen Sie aber jede Menge davon. Immer gut ist die Fischplatte (Parrillada de Pescado) von der heißen Platte. Das Lokal liegt etwas versteckt in einer Seitenstraße.

✝ 190 C5 ✉ Calle de 18 Julio ☎ 922 13 33 02 ◐ Di–So 13–16, 19–22.30 Uhr

MASCA

Blanky €

Das auch als Casa Fidel bekannte Lokal liegt im Unterdorf von Masca spektakulär auf einem schmalen Bergrücken, auf dem auch die Wanderung in die Schlucht von Masca beginnt. Außer Tapas und kleinen Gerichten gibt es auch Kaffee und leckere Kuchen.

✝ 190 B3 ✉ El Lomito 20 ☎ 922 86 34 57 ◐ Di–Sa 11–19 Uhr

Wohin zum ... Einkaufen?

Der älteste Ferienort auf Teneriffa, Puerto de la Cruz, ist auch das Haupteinkaufszentrum der Region. Die Läden haben bis weit in den Abend, manche sogar bis spät in der Nacht geöffnet. Das schönste Kunsthandwerk der Insel lässt sich im Hinterland, in La Orotava, finden.

KUNSTHANDWERK

Verschiedene kanarische *bordados* (handgemachte Stickereien), *calados* (Lochstickereien) und Spitze finden sich in vielen Geschäften, oft als Tafelleinen. Am bekanntesten ist wohl die Casa de los Balcones (Niederlassung in Puerto de la Cruz: Paseo de San Telmo; in La Orotava: Calle San Francisco 3). Auch die Casa del Turista (La Orotava, Calle San Francisco), die Casa Torrehermosa (La Orotava, Calle Tomás Zerolo) und die Casa de la Aduana (Puerto de la Cruz, Calle Las Lonjas s/n) lohnen einen Blick.

Arguayo ist für seine Keramik berühmt: ohne Töpferscheibe handgeformt und mit traditionellen Mustern der indigenen Urbevölkerung, der Guanchen, verziert. Sie wird im Centro Alfarero ausgestellt, an der Hauptstraße des Dorfes (Tel. 922 86 31 27, Di–Sa 10–13, 16–19, So 10–14 Uhr).

PRODUKTE AUS EIGENEM ANBAU

Icod de los Vinos ist für seinen Weinbau bekannt. Wer dort den Parque del Drago besucht, bekommt meist in den Bodegas und Andenkenläden rund um die Kirche eine Kostprobe des hier angebauten Tropfens angeboten.

In Buenavista del Norte hat die Konditorei El Aderno schon Preise für ihre traditionellen Köstlichkeiten gewonnen, die mit Mandeln und sogar mit Süßkartoffeln zubereitet werden (Calle La Alhóndiga 8, Tel. 922 12 73 68, www.eladerno.com).

MÄRKTE

Der Markt von Puerto de la Cruz mit Artikeln für den täglichen Bedarf findet Tag für Tag (außer So) in einem modernen Gebäude an der Avenida de Blas Pérez González statt; wer Souvenirs sucht, geht ans Meer hinunter oder in die Altstadt.

Bauernmärkte finden in Playa de San Juan (Mi vormittags) und Garachico (erster So im Monat) statt. Zu kaufen gibt es Wein der Region, Käse, Tomaten und Bananen. In La Orotava ist der Mercadillo del Agricultor (Sa 8–13 Uhr) erwähnenswert. Die große Markthalle liegt am oberen Ortsrand von La Orotava nahe der Hauptstraße zum Nationalpark.

Wohin zum ... Ausgehen?

NACHTLEBEN

In Puerto de la Cruz gibt in der **Bar Las Tejas Verdes** (Calle Puerto Viejo 28) jeden Abend ab 21 Uhr ein Trio spanische Volksmusik zum Besten. Viele Hotels und Cafés bieten Livemusik, etwa das **Hotel Puerto de la Cruz** (Tel. 922 38 40 11) oder das **Café Paris** (s. S. 111).

UNTERNEHMUNGEN TAGSÜBER

Abaco (Urb El Durazno, Calle Casa Grande, Tel. 922 37 01 07; www.abacotenerife.com, Mi–Mo 10–13 Uhr) ist ein schön restauriertes kanarisches Haus aus dem 18. Jahrhundert. Hier finden gelegentlich Konzerte oder Flamencoshows statt, auch gibt es eine Cocktaillounge. Der schönste Familienausflug führt in den **Loro Parque** (siehe S. 94).

GÄRTEN

Pflanzenliebhaber kommen im **Jardín Botánico** von Puerto de la Cruz voll auf ihre Kosten. Zu den weniger bekannten Gärten in Puerto zählt **Sitio Litre**. Die Geschichte des Gartens und der Villa (keine Besichtigung) reicht bis ins 18. Jahrhundert zurück. Heute punktet der Park mit üppiger Kanarenflora und einer ansehnlichen Orchideenzucht (La Paz, tgl. 10.30–16 bzw. 17 Uhr, 4,75 €).

AM MEER

Schwimmen und Wassersport: Zwei der besten Strände sind die **Playa Jardín** von Puerto de la Cruz und die **Playa de la Arena** in Puerto de Santiago (siehe S. 104). Der **Lago Martiánez** in Puerto de la Cruz ist ein riesiger Lido mit Palmen und Skulpturen. Los Gigantes besitzt zwei weniger aufwendig gestaltete Lidos, **El Laguilo** und **Oasis**. Bei Ebbe und ruhigem Wetter können Sie auch in den **Meeresbecken** von Garachico oder von La Caleta in der Nähe von Los Silos schwimmen.

Das klare, geschützte Meer bei **Acantilado de los Gigantes** eignet sich bestens für alle Arten von Wassersport. Segeln, Tauchen und Sportfischen sind besonders beliebt. Auskünfte erteilt die Touristeninformation von Playa de la Arena (Avenida Marítima 36–37, Tel. 922 86 03 48, Mo–Sa 9–14 Uhr) oder der Jachthafen von Los Gigantes (Puerto Deportivo, Tel. 922 86 80 02). Wer in **Los Gigantes** tauchen lernen möchte, wendet sich an das Tauchzentrum am Jachthafen (Tel. 922 86 04 31; www.divingtenerife.co.uk) oder in **Puerto de la Cruz** an die Tauchschule Atlantik im Hotel Maritim (Tel. 922 36 28 01; www.atlantik-tauchen.de).

Bootsausflüge. Empfehlenswert ist **Nachira Uno** (im Jachthafen von Los Gigantes, Tel. 922 86 19 18). Selbst wenn man nicht das Glück hat, die Delfine und Wale zu sehen, macht es Spaß, an der spektakulären Küste unterhalb der 600 Meter hohen Acantilado de los Gigantes entlangzuschippern, zum Beispiel auf einem dreistündigen Törn auf der **Flipper Uno** (Tel. 922 86 21 20; www.flipperuno.com), dem Nachbau einer Galeone aus dem 18. Jahrhundert.

BERGWANDERUNGEN

Wegen seiner außergewöhnlichen Geologie und Vegetation ist das **Teno-Gebirge** ideal zum Wandern. Das Bergdorf **Masca**, um das Kakteen und Wolfsmilch wachsen, eignet sich gut als Ausgangsort, besonders reizvoll ist die spektakuläre Tour durch die Masca-Schlucht (s. S. 102). Auch das **Orotava-Tal** bietet schöne Touren. Die interessanteste führt um **La Caldera** und die seltsamen Basaltsäulen von **Los Organos**. Die Touristeninformation von Buenavista gibt Auskunft über Routen und geführte Wanderungen. Geführte Wanderungen in deutscher Sprache werden in Puerto de la Cruz seit vielen Jahren von **Heidis Wanderclub** angeboten (Tel. 922 38 95 10; www.heidis-wanderclub. de, täglich wechselnde Touren ohne Voranmeldung!). Ein anderer Trekking-Spezialist ist **Gaiatours** (Tel. 619 81 97 39; www.gaiatours.es), der ebenfalls Touren unterschiedlicher Schwierigkeitsgrade anbietet.

Badefreuden an der Costa Adeje: Das Leben
kann ja so schön sein ...

Der Süden

Teneriffas Süden ist ein wahres Badeparadies. Die imposante Kulisse für das größte Ferienzentrum der Insel stellt der höchste Berggipfel Spaniens.

Seite 114–141

Erste Orientierung

Warum gerade an der Südküste Teneriffas größte Ferienstädte entstanden, ist ein offenes Geheimnis: Sonne satt an mehr als 300 Tagen im Jahr schafft den idealen Rahmen für einen entspannten Badeurlaub. Allerdings sollten Sie unbedingt auch einen Ausflug in den nur eine Autostunde entfernten Nationalpark unternehmen und dort den höchsten Berg Spaniens besuchen, den Pico de Teide.

Von der Natur her könnte der Kontrast zum Norden mit seiner fast schon subtropischen Vegetation nicht größer sein. Sobald Sie an der Südküste die künstlich bewässerten Hotelzonen verlassen, kommen Sie durch eine weitgehend baumlose Landschaft, in der lediglich verwilderte Feigenkakteen und Wolfsmilchgewächse Akzente setzen. Vor allem in den Sommermonaten präsentiert sich Teneriffas Süden ziemlich trocken. Auch kulturelle Sehenswürdigkeiten sind dünn gestreut. Umso mehr können Sie die wunderbaren Strände und Badebuchten genießen. Die touristische Infrastruktur im Badeort Los Cristianos, einem noch vor 60 Jahren verschlafenen Fischerdorf, und in den benachbarten Hotelstädten lässt kaum Wünsche offen: Das Angebot an Wassersport und Wellness ist riesig, mit zahllosen Restaurants und Bars wird auch jenseits der Strände für reichlich Abwechslung und Amüsement gesorgt.

TOP 10
❶ ★★ Parque Nacional del Teide

Nicht verpassen!
㊱ Los Cristianos, Playa de las Américas, Costa Adeje
㊲ Pirámides de Güímar
㊳ Candelaria

Nach Lust und Laune!
㊴ Siam Park
㊵ Vilaflor
㊶ Granadilla de Abona
㊷ Las Galletas & Costa del Silencio
㊸ El Médano
㊹ Porís de Abona
㊺ Arico
㊻ Mirador de Don Martín

Candelaria
38
Arafo
Pirámides
de Güímar
37
Mirador de
Don Martín
46
El Portillo
El Teide
3718 m
Fasnia
Parque Nacional
del Teide
1
5 km
3 mi
Arico
45
Villa de Arico
Porís de Abona
44
Vilaflor
40
Adeje
Granadilla
de Abona
41
Valle de
San Lorenzo
Siam Park
39
ta Adeje
36
va de las
Américas
36
El Médano
43
Guaza
36
Los Cristianos
Los Abrigos
Palm-Mar
42 42 Costa del Silencio
Las Galletas
leta

Mein Tag
in Teneriffas Mondlandschaft

An Naturwundern mangelt es Teneriffa nicht – das spektakulärste können Sie an diesem Tag erleben. Dazu gehört eine erlebnisreiche kleine Wanderung am Fuß des Teide. Packen Sie ein paar bequeme Schuhe und ausreichend Trinkwasser ein. Auch etwas Warmes zum Anziehen darf nicht fehlen – immerhin werden Sie sich auf mehr als 2100 Metern Höhe bewegen.

9 Uhr: Aufs Dach des Teide

Sie haben heute einen ausgedehnten Ausflug in ein Weltnaturerbe der UNESCO vor sich, brechen Sie also gleich nach dem Frühstück auf. Von ㊱ Playa de las Américas windet sich eine gut ausgebaute, kurvige Bergstraße über Arona die Südabdachung des Teide nach Vilaflor hinauf. Halten Sie in Escalona kurz an und genießen Sie den grandiosen Rückblick hinab zur Südküste.

10.30 Uhr: Was für eine Szenerie!

Nach den im Frühjahr von Wildblumen gesprenkelten Wiesen rund um das Bergdorf ㊵ Vilaflor zieht die Straße durch einen lichten Kiefernwald. Sobald dieser hinter Ihnen liegt, durchfahren Sie eine vulkanisch geprägte Mondlandschaft, wie sie bizarrer nicht sein könnte. Überragt wird die als ❶ ★★ Parque Nacional del Teide geschützte Region

vom ebenmäßig geformten Teide, der in all seiner Pracht fast zum Greifen nahe vor Ihnen steht.

11 Uhr: Kleine Wanderung am Finger Gottes

Ausgangspunkt für den etwa eineinhalbstündigen kleinen Rundweg am Fuß des Pico de Teide ist der Parkplatz am Mirador de la Ruleta, er wird in Höhe des Hotels Parador auf einer links abzweigenden kurzen Stichstraße angefahren. Bevor es losgeht ist ein Foto vom Roque Cinchado ein Muss – Finger Gottes wird das geologische Wahrzeichen Teneriffas genannt. Die harte Füllung des ehemaligen Vulkanschlots ist unten merklich dünner als oben, und man meint, der Felsen könne schon im nächsten Augenblick umfallen. Vom immer viel von Ausflüglern frequentierten Rondell vor dem Mirador führt der als Nummer drei

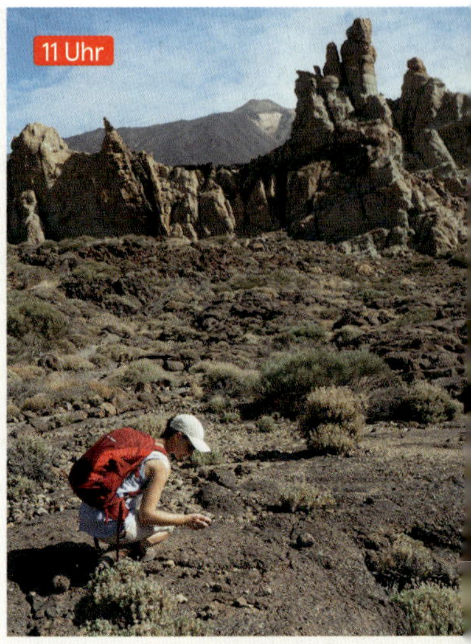

Oben links: Im Frühling blühen stattliche Natternköpfe. Oben rechts: Fernab des Trubels am Mirador de la Ruleta ist man bald mit sich allein. Rechts: Über erkaltete Lava senkt sich der Pfad zur Ebene.

ausgeschilderte Pfad zunächst unterhalb vom Roque Cinchado an weiteren Felsen entlang; durch Ginsterfluren wandern Sie genau auf den Teide zu. Schon nach wenigen Minuten liegt der Trubel am Mirador hinter Ihnen, und ab jetzt sind Sie in der großartigen Vulkanlandschaft meist ganz alleine.

12 Uhr: Kathedrale aus Stein

Nach den letzten Felsen, sie heißen Roques Blancos, senkt sich der Pfad über erkaltete Lava zur Ebene von Ucanca ab. Der Teide liegt nun im Rücken. Beim Abstieg auf dem teils gerölligen Weg sollten Sie trittsicher sein, auch gilt es auf das eine oder andere Wegzeichen zu achten. Doch im Grunde ist die aus der Ebene herausragende La Catedral nicht zu verfehlen – tatsächlich ist das schroffe Felsgebilde einer Kathedrale nicht unähnlich. Oft können an den Steilwänden Kletterer beobachtet werden. An einer Gabelung gut 100 Meter vor der Kathedrale nehmen Sie den Weg nach links und steigen auf mitunter etwas steilem Pfad wieder zum Mirador de la Ruleta auf.

13 Uhr: Kaffeepause am staatlichen Parador

Nach der Wanderung haben Sie sich eine ausgiebige Pause verdient. Die Kaffeeterrasse vom Hotel Parador Nacional kommt da wie gerufen – auch wenn Sie den Platz an der Sonne wahrscheinlich mit vielen an-

deren Ausflüglern teilen müssen. Doch die spektakuläre Aussicht auf den Pico del Teide kann Ihnen niemand nehmen.

15 Uhr: Besucherzentrum mit viel Botanik

Sozusagen als Zugabe können Sie vom Parador der TF-21 quer durch die Cañadas nach El Portillo am Nordrand des Nationalparks folgen. Das dortige Besucherzentrum hält so manche Antwort zum Vulkanismus auf Teneriffa bereit und informiert anschaulich über die seltene Flora und Fauna der Hochgebirgsregion. Sind Sie im kanarischen Bergfrühling im Mai/Juni unterwegs, können Sie im angeschlossenen botanischen Garten das eine oder andere Pflänzchen gleich vor Ort bestimmen.

17 Uhr: Vor der Rückfahrt noch ein Stopp im höchsten Dorf Teneriffas

Auf dem Rückweg kommen Sie erneut durch Vilaflor. Sie können den Ausflug im urigen Landgasthof El Sombrerito ausklingen lassen – er liegt unmittelbar an der Durchgangsstraße. In dem mit allerlei altem Bauerngerät ausstaffierten Lokal sitzt es sich fast wie in einem ethnografischen Museum. Planen Sie nach der Einkehr für die Rückkehr nach Playa de las Américas eine Fahrzeit von etwa 45 Minuten ein – auf der Abfahrt liegt diese Ferienstadt fast immer in ihrem Blickfeld.

❶ ★★ Parque Nacional del Teide

Warum?	**Am größten Naturwunder der Kanarischen Insel führt kein Weg vorbei**
Was?	**Mit der Seilbahn schwebt man in acht Minuten auf Spaniens höchsten Gipfel**
Wie lange?	**Einen ganzen Tag**
Was nehme ich mit?	**Jede Menge unvergesslicher Eindrücke – aber bitte keine Pflanzen und Steine!**

Von den kanarischen Ureinwohnern als heilig verehrt, ist der Vulkanberg bis heute eine Quelle vielfacher Inspiration. Eine Seilbahn bringt Sie auf mehr als 3500 Meter hinauf.

Der rund 500 000 Jahre alte Teide ist ein aktiver Stratovulkan, der sich aus mehreren aufeinander folgenden Eruptionen bis auf seine jetzige Höhe von 3718 Metern aufgebaut hat. Die Vulkanberge in seiner Umgebung sind alle niedriger und weisen dicke Schichten fest gewordener Lava auf. Seit 2007 gehört das 189 Quadratkilometer große Areal zum Welterbe der UNESCO. Das Nationalparkgelände ist in mehrere Bereiche eingeteilt; einige sind nicht zugänglich, andere nur beschränkt. Bevor Sie sich auf den Weg machen,

Der Roque Cinchado mit dem Pico del Teide im Hintergrund.

sollten Sie sich nach dem Wetter erkundigen. Wolken bilden sich nur
sporadisch und meist nur auf einer
Höhe von rund 1600 Metern. Im
Winter nehmen die Nordwinde (*ali-
sios*) Feuchtigkeit vom Meer auf, die
in Form von Wolken in den unteren
Lagen des Teide-Massivs für überra-
schend viel Grün sorgt.

Wie Sie den Park erreichen

Vier gut ausgebaute Straßen führen aus allen Ecken Teneriffas zum Parque Nacional del Teide. Wer von Norden kommt, kann die Forststraße durch den Bosque de la Esperanza nehmen oder von La Orotava die Nordflanke hinauffahren. Am Mirador Ayosa, einem Aussichtspunkt auf 2078 Metern Höhe, endet der Wald, und man gelangt ins Hochland des Parks. Hier fahren Sie nun an den Kuppeln des Observatorio del Teide vorbei, das wie die Kulisse eines Science-Fiction-Films erscheint, und erreichen dann die Kreuzung von El Portillo sowie das Besucherzentrum (*Centro de Visitantes*) mit einer Dauerausstellung über den Vulkanismus und die erstaunlich vielfältige Flora im Nationalpark. Auch die Straße von La Orotava führt zu dieser Kreuzung. Aus dem Süden her kommend nehmen Sie eine extrem kurvenreiche Straße von Granadilla de Abona nach Vilaflor. Sie fahren durch dichten Kiefernwald, bis Sie am Rand des Parks auf 2000 Metern Höhe ankommen. Von hier geht es hinunter in den Llano de Ucanca, eine Ebene; dort trifft man auf die vierte Straße, die sich weniger dramatisch vom Dorf Chío die Westabdachung des Bergstocks hinaufschlängelt.

Auf dem Pico del Teide

Auf den höchsten Berg Spaniens führt eine Seilbahn (*Teleférico*) bis fast zum Gipfel hinauf. Ein Ticket muss vorab im Internet für ein bestimmtes Zeitfenster reserviert werden (www.volcanoteide.com). In nur acht Minuten überwindet die Seilbahn 1200 Höhenmeter und bringt Sie zur Rambleta auf 3555 Meter hinauf; bis zum eigentlichen Gipfel ist es dann nicht mehr weit. An einem schönen Sommertag haben Sie von dort oben eine faszinierende Aussicht über den ganzen Archipel. Ist das Wetter schlecht, sieht man zumindest das berühmte Wolkenmeer. Zwei kurze Wanderungen führen zum Mirador de la Fortaleza mit Blick gen Norden und zum Mirador de Pico Viejo in Richtung Südwesten. Von Letzterem aus ist deutlich das gähnende Loch des Kraters vom Pico Viejo zu sehen, einem Nebenkrater des Teide. Beide Wege sind nicht einmal einen Kilometer lang.

Ein dritter Pfad führt auf den 3718 Meter hohen Gipfel hinauf; diese Strecke von 700 Metern, über 180 Höhenmeter, darf man nur mit einer Genehmigung gehen. Wer ganz oben stehen möchte, bucht vorab eine organisierte Tour mit Gipfelbesteigung (Kosten ca. 90 Euro) oder beantragt die Genehmigung selbst (s. S. 125). Es ist nicht erlaubt, in den Krater hinunterzusteigen.

KLEINE PAUSE

Restaurants befinden sich in der Streusiedlung **El Portillo** in der Nähe des Besucherzentrums. Der **Parador de las Cañadas del Teide** bietet ein Restaurant und eine Cafeteria.

Wegzehrung für hungrige Wanderer bieten ein Restaurant und eine Cafeteria im Parador de las Cañadas del Teide.

✝ 191 E3

Centro de Visitantes
✉ bei El Portillo ◑ tgl. 9–16 Uhr ✦ frei

Teleférico del Teide
☎ 922 01 04 40 ⊕ www.volcanoteide.com ◑ tgl. 9–17 bzw. 18 Uhr (bei geeigneten Witterungsbedingungen; neuerdings kann man auch geführte Abendtouren buchen)
✦ 37 € (Auf- und Abfahrt) bei einer Besteigung des Gipfels werden weitere Kosten fällig, s. S. 125

Top of Tenerife

Einmal auf dem Kraterrand des Pico del Teide stehen, 3718 Meter über dem Meer! Der Zugang auf den höchsten Gipfel Spaniens ist allerdings streng limitiert, Sie benötigen dazu ein im Internet erhältliches Permit (oder Sie schließen sich einer organisierten, allerdings teuren Tour an). Ab der Bergstation der Seilbahn gestaltet sich der finale halbstündige Aufstieg (auf gut ausgebautem Pfad) fast wie ein »Spaziergang«. In dieser Höhe kommt man jedoch leicht aus der Puste. Aber dann, was für ein Panorama! Fast der ganze Archipel liegt Ihnen zu Füßen. Häufig ragen von den Nachbarinseln nur die Gipfel aus der milchigen Passatschicht heraus.

www.reservasparquesnacionales.es
www.volcanoteide.com

Vielfältig wie ein Kontinent

Für kaum eine andere Insel ist der Begriff »Miniaturkontinent« so gerechtfertigt wie für Teneriffa. Auf kleinem Raum bieten sich erstaunliche landschaftliche Kontraste – am spektakulärsten sind die Hochgebirgsregionen rund um den Teide.

1 Macizo de Teno: Wild und ursprünglich zeigt sich das Teno-Gebirge. Mit Ausnahme des Barranco de Masca ist es für Wanderer noch kaum erschlossen.

2 Pico del Teide: Bei der Auffahrt zum höchsten Berg Spaniens passiert man alle Vegetationszonen der Kanarischen Inseln.

3 Valle de la Orotava: Schon Alexander von Humboldt pries die Schönheit des (heute stark zersiedelten) Orotava-Tals.

4 Las Montañas de Anaga: Das schroff zu den Küsten abfallende Anaga-Gebirge gehört zu den geologisch ältesten Teilen der Insel. Häufig ist es von Passatwolken eingenebelt. Diese sorgen für die üppige Vegetation.

5 Caldera de las Cañadas: Am Nordrand des gewaltigen Kraterkessels ragt der Pico del Teide auf, nach Süden, Osten und Westen begrenzen rund 500 Meter hohe Felswände die Caldera.

6 Bosque de la Esperanza: Im Esperanza-Wald gedeihen mächtige Kanarische Kiefern und Eukalyptusbäume.

7 Valle de Güímar: Die Flanken der Gebirgszüge säumen breite fruchtbare Täler wie das Valle de Güímar.

8 Barranco del Infierno: Durchbrochen werden die Gebirgszüge von schmalen tiefen Schluchten, sogenannten Barrancos. Mit Ausnahme des Barranco del Infierno, den ein schmaler Bach durchfließt, führen sie kein Wasser.

2
3
4
5
6
7
8
©BAEDEKER

㊱ Los Cristianos, Playa de las Américas, Costa Adeje

Warum?	Hier scheint fast das ganze Jahr die Sonne
Was?	Schwimmen, Surfen, Schnorcheln oder einfach nur am Strand abhängen
Wie lange?	Am besten den ganzen Winter
Was noch?	Hier warten etliche Themenparks auf Ihren Besuch

Teneriffas sonnenverwöhnte Südküste ist eines der größten Ferienzentren ganz Europas: Ein internationales Publikum sucht hier rund ums Jahr Entspannung. Viel Flair darf allerdings in den vielerorts nüchtern konzipierten Hotelstädten nicht erwartet werden – es sei denn, Sie gönnen sich etwas Besonderes und mieten sich im Luxusquartier Costa Adeje ein.

Der Aufstieg vom kleinen Fischerort zum riesigen Touristenzentrum begann in den 1970er-Jahren und verlief rasant. Heute steht in Los Cristianos, in Playa de las Américas und an der Costa Adeje ein breites Angebot verschiedenster Freizeitaktivitäten zur Verfügung. Alle größeren Hotels verfügen über einen Spa-Bereich und sind mit Sportangeboten auf ein aktives Publikum eingestellt. Sie können tauchen, surfen, an einer Bootstour teilnehmen oder einen Ausflug zum Hochseeangeln buchen oder auch einen Tagestrip zur kleinen Nachbarinsel La Gomera unternehmen. Nach dem Tag am Meer gibt es genug Unterhaltungsmöglichkeiten, vor allem in Playa de las Américas ist abends immer viel los.

Eine riesige Hotelstadt

In Los Cristianos gibt es einen alten Ortskern. Zwar stehen hier keine bedeutenden Bauwerke, doch vermittelt die kleine Fußgängerzone mit ihren Geschäften und Restaurants sowie die Plaza nahe dem Ha-

Im sicheren Hafen: Puerto de Colón von Playa de las Américas.

fen eine ganz eigene Atmosphäre. In einem der Cafés wird man schnell die Zeit vergessen, denn anzuschauen gibt es immer etwas.

Den mit Los Cristianos zusammengewachsenen Ort Playa de las Américas säumen Hotels und Apartments, Supermärkte, Lokale, Kneipen und Bars. Tagsüber spielt sich alles an den Stränden ab – diese sind durch Wellenbrecher vor der Brandung geschützt. Der umtriebige Jachthafen Puerto de Colón ist recht sehenswert. Wo Playa de las Américas aufhört, beginnt die Costa Adeje – allerdings wissen wohl nur die Stadtplaner Teneriffas, wo genau die Grenze verläuft. Ganz im Norden ist La Caleta mit das teuerste Feriendomizil an der Südküste. Noble Luxushotels mit üppigen Gärten bilden die Kulisse für die schönsten Strände hier im Süden, allen voran die Playa del Duque.

Blick vom Gran Hotel Anthelia auf die Hotelskyline von Costa Adeje.

Freizeitparks

Im Jungle Park ist es möglich, Adler und Kondore im Flug zu beobachten. Zudem bevölkern Affen, Pinguine, Löwen, Pumas und viele andere Tiere den 75 000 m² großen Freizeitpark. Kinder begeistern sich für die Bobbahn. Im Siam Park mit Wasserrutschen und einem Wellenbad dreht sich alles um das nasse Element. Neueste Attraktion ist eine Wasser-Achterbahn, bei der 14-mal die Richtung gewechselt wird (s. auch S. 134). Beide Freizeitparks sind mit kostenlosen Buszubringern bestens zu erreichen.

KLEINE PAUSE

Fisch und Meeresfrüchte ganz frisch bekommt man im **Rincón del Marinero** im Hafen von Los Cristianos (Tel. 922 79 35 53, tgl. 12–23 Uhr).

✢ 188 B2

Jungle Park
✉ Las Águilas (Südautobahn Ausf. 27) ☎ 922 72 90 10 ⊕ https://www.jungle park.es ◑ tgl. 10–17.30 Uhr ✎ 30 €

Siam Park
✉ Avenida Siam Park (Südautobahn Ausfahrt 23 oder 24) ☎ 822 07 00 00 ⊕ https://www.siampark.net ◑ tgl. 10–17, im Sommer bis 18 Uhr ✎ 38 €

㊲ Pirámides de Güímar

Pyramiden auf Teneriffa? Für den norwegischen Forscher Thor Heyerdahl (1914–2002) war es augenscheinlich, dass die lange nur als bloße »Steinhaufen« erachteten stufenförmigen Gebilde ein kulturelles Erbe der kanarischen Ureinwohner sind. Zusammen mit dem Reeder Fred Olsen machte er daraus einen heute viel besuchten Freizeitpark.

Bekannt wurde Thor Heyerdahl durch seine nach einem alten Inkagott benannte Kon-Tiki-Expedition, mit der er beweisen wollte, dass Polynesien von Südamerika statt von Asien aus besiedelt wurde.

Tatsächlich war Güímar in vorspanischer Zeit der Sitz eines Guanchen-Königs, eines sogenannten *Mencey*. In der Umgebung fand man zahlreiche Höhlen, welche die Guanchen als Wohn- oder Begräbnisstätten genutzt hatten – sowie ein halbes Dutzend stufenartig geschichtete Pyramiden, die von Thor Heyerdahl Anfang der 1990er-Jahre hergerichtet und der erstaunten Öffentlichkeit als »Kanarische Stufenpyramiden« präsentiert worden waren. Seitdem wollen jedes Jahr etwa 100 000 Besucher einen Blick darauf werfen. Für Heyerdahls These spricht, dass das dazu benutzte Vulkangestein eigens dafür herantransportiert werden musste – es können also nicht einfach nur aufgehäufte Lesesteine sein. Zudem wurden die Ecken und Ränder so bearbeitet, dass sie exakte Rechtecke ergeben.

Himmliche Verbindungen

Thor Heyerdahl zufolge wurden die Pyramiden nach astronomischen Gesichtspunkten ausgerichtet. Mit aufsehenerregenden Expeditionen in nachgebauten Papyrusbooten versuchte der Forscher zu belegen, dass die Menschen schon lange vor Kolumbus den Atlantik überquert haben mussten und es Ver-

bindungen zwischen dem alten Ägypten und den Pyramiden-
kulturen in Süd- und Mittelamerika gegeben hatte. Neben
dem Besucherzentrum wird ein originalgetreues Modell der
RA II ausgestellt, mit dem Heyerdahl über den Atlantik von
Marokko bis nach Mexiko segelte.

Egal, was Sie von Heyerdahls Thesen halten, sehenswert
ist der Pyramidenpark von Güímar auf jeden Fall. Rund um
die sechs sorgsam aufgeschichteten Stufenpyramiden ist nicht
zuletzt die angelegte Parklandschaft interessant. So gibt es
etwa einen Giftgarten (*Jardín venenoso*), in dem rund 70 Gift-
pflanzen vorgestellt werden, darunter etliche auf den Kanaren
allerorten anzutreffende Ziergewächse wie Oleander und Stre-
litzie. Der benachbarte Nachhaltige Garten (*Jardín sostenible*)
widmet sich Pflanzen, die ausschließlich auf den Kanaren zu-
hause sind. Auf dem Rundweg um das 20 000 m^2 große
Gelände können Sie auch verschiedene auf Teneriffa kultivierte Nutzpflanzen aus nächster Nähe anschauen, neben
Bananenstauden auch das früher hier angebaute Zuckerrohr.

Wurden die Py-
ramiden einst
für die Sonnen-
anbetung
genutzt?

KLEINE PAUSE

Im **Café** bei den Pirámides de Güímar bekommen Sie etwas
zu trinken und kleine Snacks. Etwas entfernt (links hinter
der Anlage) finden sich mehrere Lokale und Kneipen.

✢ 194 C1
✉ Calle Chacona s/n
☎ 922 51 45 10
🕐 tgl. 9.30–18 Uhr 💶 ab 16 €

Candelaria

Warum?	**Ein Besuch bei der Schutzpatronin der Inseln gehört einfach dazu**
Was?	**Die wichtigste Wallfahrtskirche der Kanaren liegt wunderbar über dem Meer**
Wie lange?	**Ein bis zwei Stunden**
Wann?	**Am späten Nachmittag zum Abschluss eines Tagesausflugs**

Viele ausländische Gäste lassen den bekanntesten Wallfahrtsort der Kanarischen Inseln links liegen. Nicht so die Canarios: Zweimal im Jahr strömen sie zu Tausenden nach Candelaria, um der Schutzpatronin des Archipels ihre Aufwartung zu machen. Falls Sie an einem 2. Februar oder an einem 14. August auf der Insel sein sollten: Lassen Sie sich das Spektakel nicht entgehen! In der übrigen Zeit erwartet Sie hier ein noch weitgehend vom Tourismus unberührter Küstenort.

Die im Jahr 1958 vollendete Basílica de Nuestra Señora de la Candelaria birgt das meistverehrte Heiligtum der Kanarischen Inseln, die Virgen de Candelaria.

In vorspanischer Zeit, gegen Ende des 14. Jahrhunderts, sollen Hirten südlich des heutigen Ortes Candelaria eine angeschwemmte Madonnenstatue gefunden haben. Als sie das Bildnis mit Steinen bewerfen wollten, waren ihre Arme wie gelähmt. Davon beeindruckt, brachten die Guanchen die Marienstatue zu ihrem König, dem Mencey von Güímar. Die Statue wurde in einer Höhle aufgestellt und fortan als wundertätig verehrt. Nach der Einnahme der Insel durch die Spanier errichtete man ein Dominikanerkloster neben der Höhle, die schon bald zum wichtigsten Pilgerziel der Insel wurde. Von Papst Clemens VIII. wurde die Virgen de Candelaria 1599 zur Schutzpatronin des Kanarischen Archipels erklärt.

Der Raub der Marienstatue

Eine weitere Legende rankt sich um den Raub der Marienstatue. Gefolgsleute des Herrschers von Lanzarote sollen die Marienfigur aus Candelaria entwendet haben und diese in ein Kloster auf die östliche Kanareninsel gebracht haben. Offensichtlich missfiel die neue Umgebung der Madonna: Deshalb soll sie ihr Gesicht der Wand zugewandt haben –

drehte man die Statue im Lauf des Tages um, wiederholte sich am nächsten Morgen das wundersame Schauspiel. Weil die Kapelle jeden Abend abgeschlossen wurde, musste Übernatürliches im Spiel sein, folgerte man und beschloss, die Statue wieder nach Candelaria zurückzubringen, wo es zu keinen weiteren »Wendungen« der Geschichte mehr kam. Allerdings wurde das Kloster bei einer Sturmflut im Jahr 1826 weitgehend zerstört und die Madonna zurück ins Meer gespült, wo sie einst hergekommen war. Das heute in der Basilika verehrte Madonnenbildnis schuf Fernando Estévez im Jahr 1827. An die Ereignisse in Verbindung mit der Virgen de Candelaria erinnert ein Marmordenkmal nahe der Kirche.

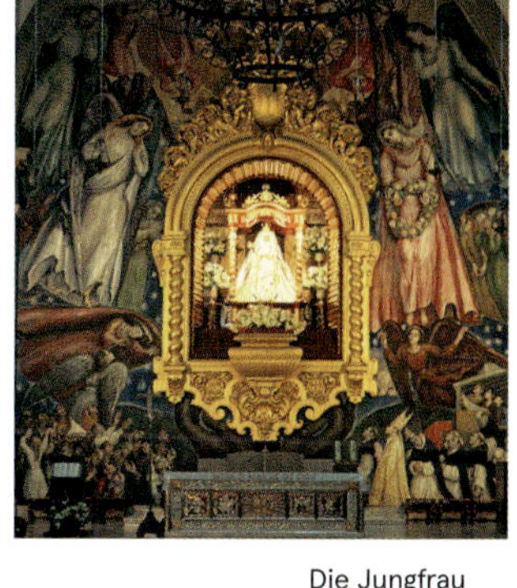

Die Jungfrau von Candelaria lockt Pilger von nah und fern.

Vom Hauptportal der Basilika führen Treppenstufen die Calle La Palma hinauf und in deren Verlängerung, der Calle Isla de La Gomera, zu einer Töpferwerkstatt, in der nach Art der Ureinwohner ohne Töpferscheibe Tonwaren hergestellt werden (Di–Sa 9–17 Uhr, Eintritt frei).

Neben der Basilika gibt es in Candelaria gleich in der Nähe eine Gemeindekirche zu sehen sowie die hübsche Iglesia de Santa Ana aus dem 17. Jahrhundert. An der Promenade am Meer vor der Plaza de la Basílica, in der sich die Pilger am Feiertag versammeln, stehen neun beeindruckende Statuen: Der kanarische Künstler José Abad orientierte sich bei seinen überlebensgroßen Darstellungen der Guanchen-Könige an den – gegen Ende des 16. Jahrhunderts entstandenen – Dichtungen von Antonio de Viana, der die Charaktere der Inselherrscher beschrieb.

KLEINE PAUSE

In der **Cofradía de Pescadores** am Hafen (Calle Pozo 5, Tel. 922 50 49 96) wird frischer Fisch aufgetischt.

✚ 195 D1
Basílica de Nuestra Señora de Candelaria ✉ Plaza de la Basílica
🕑 Mai–Okt 9.30–18, Nov.–April 10–17 Uhr 🎫 frei

Nach Lust und Laune!

39 Siam Park

Als größtes und spektakulärstes Spaßbad Europas wirbt der Siam Park für sich. Hauptattraktionen sind die spektakulären Wasserrutschen Dragon und Giant (mit Zentrifugalpool). Außerdem bietet der 18,5 Hektar große Park üppig blühende Flora und Begegnungen mit verspielten Seelöwen. Die im Stil eines asiatischen Tropendschungels gestaltete Anlage ist der ideale Ort, um im Pool Dampf abzulassen oder im Wave Palace Surfen zu lernen. Hier werden bis zu drei Meter hohe künstliche Wellen erzeugt. Natürlich können Sie auch einfach an einem schattigen Plätzchen faulenzen. Es gibt mehrere Restaurants und Cafés und einen schwimmenden Markt im thailändischen Stil, wo Sie Souvenirs erwerben können.

✝ 188 B2 ✉ an der Südautobahn Ausfahrt 23 oder 24, Playa de las Américas ☎ 822 07 00 00 ⊕ www.siam park.net ◕ Mai–Okt. 10–18, Nov.–April 10–17 Uhr ⚡ 38 €

40 Vilaflor

Auf 1400 Metern Höhe gelegen, nimmt Vilaflor für sich in Anspruch, die höchste Stadt Spaniens zu sein. Rund um den Ort liegen kunstvoll angelegte Terrassenfelder, die sich bis weit hinab nach Süden erstrecken. Oberhalb von der Ortschaft laden ausgedehnte Kiefernwälder zu einsamen Wanderungen ein. Sofern es das Wetter erlaubt, bieten sich weite Ausblicke hinab zur Küste. Am südlichen Ortsrand ist das Hotel El Sombrerito ein guter Anlaufpunkt, in dem Sie die herzhafte Landküche probieren können und je nach Gusto auch ein einfaches Zimmer finden. Das Städtchen Vilaflor selbst bietet wenig Sehenswertes. Im oberen Ortsteil lohnt die einschiffige Iglesia de San Pedro einen Besuch. Ein paar Schritte von der Kirche entfernt befinden sich ein ehemaliger Konvent und eine Kirche, die dem berühmtesten Sohn Vilaflors geweiht ist, Hermano Pedro (Bruder Peter, 1626 –1667), mit bürgerlichem Namen Hernando Pedro de San José Betancourt: Als Kind war er Schafhirte in den Bergen, als Erwachsener lebte er eine Weile in einer Höhle am Ortsrand von El Médano östlich des Flughafens, heute ein beliebtes Pilgerziel. 1649 wanderte er nach Guatemala aus, wo er 1667 verstarb. Auf seine Initiative wurde der bis heute bestehende Orden der Bethlehemiten gegründet. 1980 sprach man Hermano Pedro selig, 2002 wurde er vom damaligen Papst Johannes Paul II. als erster Canario zum Heiligen erklärt.

Landschaftliche Attraktion der Region ist die Paisaje Lunar, die »Mondlandschaft«. Dabei handelt es sich um eine Reihe von einzigartigen Tuffsteinsäulen. Ihre Entstehung geht auf die jahrtausendelange Erosion von Wind und Regen

Wasser(rutsch)-freuden für die ganze Familie und jede Menge Spaß bietet der Siam Park an der Playa de las Américas.

zurück, die aus dem weichen Tuff-gestein bizarr geschliffene Kegel formte. Man erreicht die Mondland-schaft, die nicht betreten werden darf, nur zu Fuß. Ausgangspunkt ist die Kirche von Vilaflor (1400 m).

✛ 188 C3 ✉ nahe dem Südrand des Parque Nacional del Teide

41 Granadilla de Abona

Granadilla ist einer der typischen verschlafenen Orte im Landesinne-ren, aber durchaus einen Umweg wert. Fahren Sie ins Zentrum und zur Iglesia de San Antonio de Padua mit dem Glockenturm aus dem 19. Jahrhundert. Direkt an der Kir-che geht die reizende kleine Calle de la Iglesia ab. Eine andere Straße, die die Stadtväter vor dem Verfall geret-tet haben, ist die Calle del Arquitecto Marrero. Das bemerkenswerteste Gebäude hier ist ein 200 Jahre altes Stadthaus namens Traspatio, in dem über diverse Agenturen Apartments gemietet werden können.

✛ 189 D3 ✉ 23 km nordöstlich von Los Cristianos

42 Las Galletas & Costa del Silencio

Vom ursprünglich kleinen Fischer-dorf, das Las Galletas einmal war, zeugt der große Jachthafen, in dem es auch noch einige Fischerboote gibt. Hinter der Restaurantfront an der Promenade am dunklen Kiesel-strand haben sich große Apartment-komplexe breit gemacht, die nach Osten mit den Ferienunterkünften der Costa Silencio zusammenge-wachsen sind. Ausflügler kommen wegen der vielen Fischlokale, Skipper schätzen den Jachthafen.

✛ 188 C1 ✉ 13 km östlich von Los Cristianos

43 El Médano

Für Surfer ist die südöstlichste Inselecke genau richtig. Im Starkwindrevier von El Médano liegen die besten Naturstrände Teneriffas. Die Stadt selbst hat allerdings nur wenig zu bieten. Sie wird von klotzigen Apartmenthäusern verunstaltet, die bis ins Landesinnere hineinreichen. Auch in der Umgebung gibt es kaum Sehenswertes – nichts als verdorrtes Land –, charakteristisch für den Süden. Von der Straße, die die Stadt an die Autobahn TF-1 anbindet, führt eine Stichstraße zur Cueva del Hermano Pedro, in der zeitweise der Inselheilige Hermano Pedro lebte und die trotz ihrer Lage in der Einflugschneise des Flughafens ein viel besuchter Pilgerort ist.

✢ 189 E2 ✉ 22 km östlich von Los Cristianos

44 Porís de Abona

Mit der Ruhe im einst so bescheidenen Fischerdorf ist es vorbei. Um die Hafeneinfahrt herum, wo die Einheimischen ihre kleinen Boote vertäuen, werden immer mehr Wohnanlagen hochgezogen. Immerhin finden sich hier aber auch etliche Lokale, in denen Fisch und Meeresfrüchte auf den Tisch kommen. Wer etwas länger hierbleibt, der wird etwa einen Kilometer um die Bucht herum an der Punta de Abona mit einem schönen Strand belohnt. Noch einen Kilometer weiter erreicht man einen Leuchtturm, an dem man den Einheimischen beim Angeln zusehen kann. Ein etwa 1,5 Kilometer langer Spaziergang führt zu einem kleinen Strand, der Caleta María Luisa.

✢ 193 D1/2 ✉ 34 km nordöstlich von Los Cristianos

45 Arico

Von Porís de Abona aus sind es sieben Kilometer bis Arico, das aus mehreren verstreut liegenden Ortsteilen besteht. Am schönsten ist Arico Nuevo (seinem Namen zum Trotz das älteste Viertel). Eine schmale Straße führt von der TF-28 bergab. Sie ist von reizenden kleinen Häusern gesäumt. Auf halber Höhe eröffnet sich die kleine Plaza de la Luz mit der schlichten Gemeindekirche.

✢ 192 C1 ✉ 7 km westlich von Porís de Abona

46 Mirador de Don Martín

Nach schier endlosen Haarnadelkurven in einer Landschaft, die kaum wahrnehmbar grüner wird, erreicht man den Mirador de Don Martín, einen der schönsten Aussichtspunkte an der Landstraße zwischen Los Cristianos und Santa Cruz. Von hier können Sie nach Norden die Küste bis nach Santa Cruz hinaufschauen und weit über den Atlantik bis nach Gran Canaria.

✢ 193 D3 ✉ 5 km südlich von Güímar

Wohin zum …
Übernachten?

Preise für ein Doppelzimmer pro Nacht:
€ unter 80 Euro
€€ 80–150 Euro
€€€ über 150 Euro

PARQUE NACIONAL DEL TEIDE

Parador de las Cañadas del Teide €€€

Der einzige Parador Teneriffas liegt mitten im Nationalpark am Fuß des Teide (S. 122 f.) und gibt einen herrlichen Standort für Wanderungen ab. Von den Panoramafenstern aus haben Sie einen schönen Blick über erodierte Felsen und Lavafelder. Wenn die Dunkelheit anbricht, wird es hier mucksmäuschenstill, und über dem zum Greifen nahen Pico del Teide beginnen die Sterne zu funkeln. Das staatlich geführte Haus bietet soliden Dreisternekomfort und tischt nach einer erlebnisreichen Wanderung typisch kanarische Kost auf.
✛ 191 E3 ✉ 38300 La Orotava
☎ 922 38 64 15 ⊕ www.parador.es

LOS CRISTIANOS & PLAYA DE LAS AMÉRICAS

Aparthotel Panorama €

Eines der kleineren Apartmenthotels in diesem Teil der Insel. Die 174 Einheiten liegen in zwei- und dreistöckigen Gebäuden um den Pool, der im Winter beheizt ist. Die Kochecken sind einfach, die Einrichtung schon etwas veraltet, aber die Studios und Apartments sauber und geräumig. Zur nächsten Badebucht, der Playa del Bobo, sind es 300 Meter.
✛ 188 B2 ✉ Avenida Gran Bretaña
☎ 922 79 16 11 ⊕ www.hovima-hotels.com

Dreams Jardín Tropical Resort €€€

Das fantasievolle Hotel mit seinem weitläufigen Areal hinter der autofreien Meerespromenade ist eine kleine Welt für sich. Die Architektur ist eine maurische Spielerei mit Kacheln und Türmchen, Kuppeln und Bögen. Zu dem großen Resort gehört der auf die Felsenküste gesetzte Beachclub Las Rocas, in dem man sowohl tagsüber als auch abends wunderbar chillen kann.
✛ 188 B2 ✉ Calle Gran Bretaña s/n, Playa de las Américas ☎ 922 74 60 00
⊕ https://dreamsjardintropical.com

Parque Santiago €/€€

Dieser familienfreundliche Komplex nimmt mit seinen auffälligen Rundtürmen und den angeschlossenen Wohnhäusern ein ganzes Viertel ein, manche Unterkünfte liegen direkt am Meer. Die Apartmentwohnungen sind gut ausgestattet, auch gibt es mehrere Lokale mit verschiedenen Länderküchen, ein Fitnesszentrum und einen Abenteuerspielplatz für Kinder.
✛ 188 B2 ✉ Avenida Litoral, Playa de las Américas ☎ 922 74 61 03 ⊕ www.parque santiagotenerife.es

Sir Anthony €€€

Dieses Luxushotel mit 72 Zimmern liegt gleich am Wasser und wirkt angenehm zeitlos. Die hellen, großzügigen Zimmer haben Marmorbäder und eine private Terrasse, die sich für ein Frühstück mit Blick auf das Meer anbietet. Gleich vor den Zimmern liegen der Pool und die Gärten, die Playa del Camisón ist nur einen kurzen Spaziergang entfernt.
✛ 188 B2 ✉ Avenida de las Américas s/n, Playa de las Américas ☎ 922 75 75 45
⊕ https://www.siranthonyhotel.com/teneriffa

COSTA ADEJE

Colón Guanahaní €€/€€€

Das attraktive Hotel an der Costa Adeje hat etwas angenehm Ruhiges und Entspanntes, obwohl es an einer recht lebhaften Straße liegt. Die gut ausgestatteten Gebäude gruppieren sich um Meerwasserpools und Sonnenterrassen im Schatten von Palmen. Vom Balkon blickt man auf die Poolterrassen.
✛ 188 B2 ✉ Calle Bruselas, Playa de Fañabe
☎ 922 71 33 69 ⊕ www.hotelcolonguanahani.com

Gran Hotel Bahía del Duque €€€

Das Luxushotel der ersten Stunde ist mit seinen 20 Gebäudeteilen und dem Nachbau der Pfarrkirche von Santa Cruz fast ein Viertel für sich. Extravagant (auch im Preis) ist eine kleine dazugehörige Villenanlage mit Privatpool und Butler-Service – nicht umsonst gehört das Gran Hotel zu den »Leading Hotels of the World«.
✛ 188 A2 ✉ Avenida de Bruselas s/n
☎ 922 74 69 00 ⊕ https://thetaishotels.com

Sheraton La Caleta Resort & Spa €€€

Luxus fängt in dieser Fünfsterneanlage bei den außergewöhnlich groß geschnittenen Zimmern an. Die Lage unmittelbar am Meer verspricht ruhige Tage, zum nächsten Sandstrand müssen allerdings ein paar Gehminuten in Kauf genommen werden.Hauptattraktion ist das 1800 Quadratmeter große Spa mit gutem Massageangebot, Tagesräumen und vollständig ausgestattetem Fitnessbereich.
✛ 188 B2 ✉ Calle La Enramada 9, Adeje ☎ 922 16 20 00 ⊕ https://www.marriott.de

GÜÍMAR

Hotel Rural Finca Salamanca €€/€€€

Dieses schön renovierte Landhotel etwa einen Kilometer außerhalb von Güímar zieht vor allem Gäste und Wanderer an, die etwas abseits vom Trubel am Meer wohnen wollen. Das stilvoll ausgestattete Hotel ist von fünf Hektar Land umgeben, Avocado-, Mango- und Zitrushaine gehören zur vorherrschenden Bepflanzung. Im luftigen Restaurant kommen Spezialitäten und Weine von der Insel auf den Tisch. Die Unterkünfte sind mit Holzmöbeln und schön gefliesten Bädern ausgestattet.
✛ 194 C1 ✉ Carretera Güimar, El Puertito
☎ 922 51 45 30 ⊕ www.hotelfincasalamanca.com

VILAFLOR

Hotel Spa Villalba €€/€€€

Das komfortable Haus liegt absolut ruhig am Südrand des Nationalparks und ist ein idealer Ausgangspunkt für Wanderer. Für den Winter mag die Lage auf 1400 ü. d. M. vielleicht etwas zu kühl sein, im Sommer ist das Bergklima jedoch ideal. Für Entspannung nach dem Wandern sorgt ein Spa-Bereich mit Sauna und Whirlpool.
✛ 188 C3 ✉ Camino San Roque s/n
☎ 922 70 99 30 ⊕ www.hotelvillalba.com

Wohin zum ...
Essen und Trinken?

Preise für ein Hauptgericht inklusive Getränk:
€ unter 20 Euro
€€ 20–40 Euro
€€€ über 40 Euro

PLAYA DE LAS AMÉRICAS

Las Rocas €€€

Dieses schicke, romantische Restaurant mit einer Terrasse über den Wellen ist dem Tophotel Jardín Tropical (s. S. 137) angeschlossen. Hier dominieren Fisch und Meeresfrüchte. Paella ist eine weitere Spezialität, und natürlich gibt es eine schier endlose Weinkarte. Probieren Sie unbedingt die Königskrabben mit Knoblauch, den fangfrischen Thunfisch oder die Meerbrasse. Von den Felsen aus, die dem Restaurant seinen Namen gaben, schweift der Blick bis La Gomera. Die Sonnenuntergänge hier sind herrlich – Sie sollten daher um einen Tisch mit Meerblick bitten.
✛ 188 B2 ✉ Hotel Dreams Jardín Tropical, Calle Gran Bretaña s/n, Playa de las Américas ☎ 922 74 60 64 ⏱ tgl. 13–16, 19–23 Uhr

Thai Botánico €€

Mehr als nur Frühlingsrolle und Glasnudeln. Das thailändische Lokal offeriert klassische asiatische Suppen, cremige Curries (wahlweise rot oder grün), knusprige Entengerichte oder Vegetarisches mit Tofu. Sehr populär, Sie sollten reservieren! Jeden Mittag gibt es einen preisgünstigen Thai-Brunch.
✛ 188 B2 ✉ Avenida Las Américas s/n (im ersten Stock des Safari-Shoppingcenter),

Playa de las Américas ☎ 822 62 11 36
⊕ https://thaibotanicotenerife.com
🕐 tgl. 13–23 Uhr

COSTA ADEJE & LA CALETA

El Molino Blanco €€

Das rustikale Lokal ist hauptsächlich auf
Touristen eingestellt und wegen seiner net-
ten Atmosphäre einen Besuch wert. Alte
Weinfässer gehören zum Inventar, die Tische
reichen vom hübschen Essbereich bis zur
Gartenterrasse im Schatten von Kletter-
pflanzen und Zitronenbäumen. Abends geht
es hoch her. Wein- und Speisekarte sind
vielfältig. Spezialitäten sind Paella und Lamm
aus dem Ofen.
✦ 188 B2 ✉ Avenida de Austria 5, San
Eugenio Alto ☎ 922 79 62 82 ⊕ www.molino-
blanco.com 🕐 tgl. 13–24 Uhr

La Másia del Mar €€

Die Lage unmittelbar am Wasser spricht für
dieses Fischlokal, vor allem zum Sonnenuntergang sollte man sich hier einen Platz reservieren. Zu den Spezialitäten gehören
Bouillabaisse und Paella Marinera (beides ab
zwei Personen).
✦ 188 A2 ✉ Calle El Muelle 3, La Caleta
☎ 922 71 08 95 ⊕ www.masiadelmar.com
🕐 tgl. 11–23 Uhr

La Torre del Mirador €€€

Das Ambiente im Stil einer kanarischen Villa
könnte stilvoller nicht sein. Das Angebot der
umfangreichen Speisekarte reicht von Nu-
delgerichten bis Paella und Hummersalat.
Sie können zwischen acht Gasträumen wählen, fragen Sie nach einem Tisch auf der
Terrasse, von der Sie den schönen Blick auf
die Playa del Duque haben.
✦ 188 B2 ✉ Avenida Brusellas s/n
☎ 922 71 22 09 ⊕ www.latorredelmirador.com
🕐 tgl. 11–24 Uhr

Otelo I €€

Am Eingang zum Barranco del Infierno, der
berühmten Schlucht von Adeje (S. 141 f.),
versorgt das Otelo Ausflügler mit Speis und
Trank. Serviert wird typisch Kanarisches wie
Kaninchen oder Huhn in Knoblauchsoße
und die pikante Mojo-Soße. Wer nicht wandern will, genießt den schönen Ausblick.
✦ 188 B3 ✉ Calle Los Molinos 44,
Barranco del Infierno, Adeje ☎ 922 78 03 74
⊕ www.otelorestaurante.com
🕐 Mo, Mi–So 12–23 Uhr

Restaurant 88 €/€€

Sofern Sie asiatische Küche mögen, sind Sie
in diesem Lokal in La Caleta (nördlich von
Costa Adeje) richtig. Außer japanischen Sus-
hi bekommen Sie hier auch chinesische Dim
Sum-Gerichte und die thailändische Tom
Yam-Suppe. Alles wird zu einem vernünftigen Preis offeriert, was nicht zuletzt der
Grund sein dürfte, dass das Lokal sehr beliebt ist.
✦ 188 A2 ✉ Avenida las Gaviotas
(Edificio el Nido), La Caleta ☎ 822 62
11 34 ⊕ www.restaurant88tenerife.com
🕐 tgl. 13.30–23 Uhr

GRANADILLA DE ABONA

Casa Tagoro €€

Nach 13 erfolgreichen Jahren in Los Cristianos verwöhnen die beiden Österreicher Ka-
rin und Gerhard Brodtrager ihre Gäste nun
in ihrem neuen (bzw. alten) Domizil in Granadilla mit internationalen Spezialitäten; neben Fischgerichten stehen auch Ente und
ein italienisches Risotto auf der Karte. Je
nach Saison gibt es Wild oder Spargel.
✦ 189 D3 ✉ Calle Tagoro 28, Granadilla,
☎ 922 77 22 40 ⊕ www.casatagoro.com
🕐 Mi, Do 18–23, Fr–So 13–23 Uhr

VILAFLOR

El Sombrerito €

Der urige Landgasthof im Ortszentrum von
Vilaflor ist vielen Gästen auch als Casa Chico
bekannt. Die Wirtsleute servieren boden-
ständige kanarische Hausmannskost zu kleinen Preisen. In der angeschlossenen Pensi-
on finden vornehmlich Wanderer einfache
Zimmer ohne viel Komfort, dafür ist die Ent-
fernung zum Nationalpark und zur Mondlandschaft (Paisaje Lunar) kurz.
✦ 188 C3 ✉ Calle Santa Catalina 15
☎ 922 70 90 52 🕐 tgl. 9–21 Uhr

EL MÉDANO

Los Roques €€/€€€

Los Roques ist ein großes modernes Restaurant in Los Abrigos mit einer schönen Terrasse direkt an der Küste. Die Fusion-Küche bietet Gerichte wie Salat mit Roter Bete und Papaya, Safranrisotto mit Königsgarnelen oder Thunfischsteak in Sesamkruste. Der Chefkoch bezieht so viele Zutaten wie möglich direkt von der Insel. Salat und Gemüse gedeihen auf der Farm des Eigentümers. Gute Auswahl lokaler Weinen.
✢ 189 E2 ✉ Calle La Marina 16, Los Abrigos ☎ 922 74 94 01 ⊕ www.restaurantelosroques.com ❶ Di–Sa 19–23, So 13–16 Uhr

Perlas del Mar €€

Dieses schön am Meer gelegene Restaurant existiert bereits seit 1980. Sie können sich Ihren Fisch am Tresen aussuchen und die Zubereitungsart (gedämpft, gegrillt, gebraten) wählen. Natürlich gibt es dazu leckere Mojo-Saucen. Das Personal ist bei der Entscheidung auch gern behilflich. Von der Terrasse aus können Sie den Sonnenuntergang oder den Landeanflug der Flugzeuge zum Flughafen Reina Sofia beobachten.
✢ 189 E2 ✉ Calle La Marina, Los Abrigos ☎ 922 17 00 14 ❶ Mi–So 12–23 Uhr

Wohin zum … Einkaufen?

EINKAUFSZENTREN

Jeder große Ferienort im Süden hat mindestens ein großes Centro Comercial. Für Designermode, Schmuck und Uhren der gehobenen Preisklasse ist das Centro Comercial Plaza del Duque in Costa Adeje eine gute Wahl.

MÄRKTE

An der Meerespromenade von Torviscas finden donnerstags und samstagmorgens große Flohmärkte statt, in Los Cristianos sonntags beim Arona Gran Hotel.

Wohin zum … Ausgehen?

NACHTLEBEN

Pandemiebedingt haben vorübergehend viele Clubs und Bars geschlossen, selbst im Centro Comercial Veronicas in der Nähe der Troya-Strände, dem in Playa de las Américas seit Jahren lautesten Treff der Nachtschwärmer, ist es ruhiger geworden. Live-Bands spielen derzeit u.a. in der Sax Rock Bar und im Dubliner (beide Calle México). Noch geschlossen hat der Veranstaltungsort Pirámide de Arona im Mare Nostrum Resort (https://www.marenostrumresort.com), in dem normalerweise große Musik- und Tanzshows stattfinden. Im selben Komplex befindet sich auch das Hard Rock Café Tenerife (www.hardrockcafe.com/location/tenerife). Wer es etwas ruhiger mag, verbringt die Zeit nach dem Strand in der Pianobar des Hotels, viele der großen Hotels bieten darüber hinaus ihren Gästen ein eigenes Unterhaltungsprogramm. Überflüssiges Geld kann man im Casino Playa de las Américas (im Hotel Gran Tinerfe) loswerden.

BOOTSAUSFLÜGE

Von den Häfen Los Cristianos und Puerto Colón (Playa de las Américas) werden verschiedene Bootstouren angeboten, darunter auch Wal- und Delfinbeobachtungen (z.B. www.tenerifedolphin.com). Erkundigen Sie sich an der Mole über aktuelle Angebote. Meist wird unterwegs eine Pause zum Schwimmen, Schnorcheln oder Tauchen eingelegt. Vor allem Grindwale, aber auch die großen Pottwale und die seltenen Pilotwale sind zu sehen. Umweltschützer warnen allerdings davor, die Säuger zu sehr zu stören. Den geltenden, aber leider nicht immer eingehaltenen Richtlinien zufolge dürfen sich die Boote den Tieren nicht mehr als 60 Meter nähern, sie nicht einkreisen – schon 500 Meter zuvor muss der Schiffsmotor abgestellt werden. Wer mehr wissen will: Die Schweizer Organisation

Ocean Care (www.oceancare.org) engagiert sich für den Schutz der Wale und Delfine rund um die Kanarischen Inseln.
Sehr lohnend ist ein Tagesausflug mit der Linienfähre nach La Gomera.

ATTRAKTIONEN

Die Wasserrutschen im **Aqualand** (Avenida de Austria, San Eugenio Alto 15, Costa Adeje, Tel. 922 715266; www.aqualand.es, tgl. 10–18 Uhr, 25 €) präsentieren sich als unerwartete Oase von San Eugenio. Beliebt sind der **Jungle Park** (Carretera Los Cristianos-Arona, Tel. 922 729010; www.junglepark.com, tgl. 10-17.30 Uhr, Flugschau um 12.30 Uhr, 27 €), ein Vogelpark mit Adlern und Falken, sowie der **Siam Park** (s. S. 134).

AKTIVITÄTEN IM FREIEN

Viele Hotelanlagen haben imposante Freizeiteinrichtungen, die gegen Gebühr auch Nichthotelgäste nutzen können. In allen Ferienorten ist es möglich, ein Fahrrad zu mieten.

Wassersport: An vielen Stränden werden Abenteuersportarten wie **Jetskifahren** und **Gleitschirmfliegen** angeboten, auch können Jachten und Segelboote gemietet werden. In allen großen Ferienorten gibt es **Tauchzentren**. Besonders schön ist das Wasser in **Costa del Silencio**. **Wind- und Kitesurfer** finden in **El Médano** fast das ganze Jahr über hervorragende Windverhältnisse vor,

dort werden auch regelmäßig Profi-Wettkämpfe abgehalten. Brettverleih und Kurse werden z.B. im **Surf Center Playa Sur** angeboten (Tel. 922 176688; www.surfcenter.eu).

Golf: **Golf del Sur** (San Miguel de Abona, Tel. 922 738170; www.golfdelsur.es) liegt zwischen exotischen Palmen und Kakteen. **Amarilla Golf** (Urb. Amarilla Golf, San Miguel de Abona, Tel. 922 730319; www.amarillagolf.es), hat in herrlicher Lage am Ozean einen Pitch-and-Putt-Platz sowie eine Driving Range. Von der 27-Loch-Anlage **Golf Costa Adeje** (Finca Los Olivos s/n, Adeje, Tel. 922 710000; www.golfcosta adeje.com) reicht der schöne Blick bis nach La Gomera.

Wandern und Pflanzen bestimmen:
Wer die Natur im Süden kennenlernen will, der besucht den **Barranco del Infierno** bei Adeje, eine Schlucht mit vielfältiger Vegetation und einem kleinen Wasserfall. Jede halbe Stunde dürfen maximal 20 Personen die Schlucht betreten, daher ist eine vorherige Reservierung unbedingt erforderlich (Eintrittstickets unter https://barran codelinfierno.es). Für den Weg hin und zurück sollten Sie etwa drei Stunden einplanen (Ticketpreis 11 Euro).
Wer im Frühsommer den **Teide-Nationalpark** besucht, kann große Bestände des Roten Natternkopfs (Tajinaste rojo) bestaunen. Viele Pflanzen, die auf vulkanischem Boden wachsen, sieht man im Botanischen Garten des **Besucherzentrums El Portillo.**

Windig ist es in dem kleinen Ferienort El Médano fast immer – zur großen Freude der zahlreichen Wind- und Kitesurfer.

La Gomera

Teneriffas kleine Schwester mit immergrünen Lorbeerwäldern und tief eingeschnittenen Schluchten – ruhig, beschaulich, alternativ.

Märchenhafte Naturlandschaft: der zum Welterbe der UNESCO gehörende Nationalpark Garajonay.

Erste Orientierung

An vielen Aussichtspunkten der Südküste Teneriffas haben Sie die wie ein buckliger Rücken geformte Silhouette von La Gomera fast zum Greifen nahe vor sich – ein Ausflug auf die Nachbarinsel bietet sich angesichts der kurzen Überfahrt mit einer Fahrzeit von weniger als einer Stunde geradezu an. Hier erwarten Sie urtümliche Lorbeerwälder und eine wild zerklüftete Bergwelt sowie eine fast schon himmlische Ruhe.

Die 369 Quadratkilometer große Insel mit ihren etwa 23 000 Einwohnern überrascht mit vielfältigen Landschaftsbildern und vor allem mit großartigen Lorbeerwäldern, die als Nationalpark geschützt und von der UNESCO als Welterbe anerkannt sind. Vom 1487 Meter hohen Gipfel des Garajonay zieht sich ein Netz tief eingekerbter Barrancos bis zur Küste hinab. Die wildromantische Natur lockt vor allem Naturfreunde und Wanderer an.

Von Teneriffas Hafen Los Cristianos setzen täglich mehrere Fähren zur beschaulichen Hauptstadt San Sebastián an der Ostküste von La Gomera über. Von dort erschließen zwei gut ausgebaute Hauptstraßen die Insel: Die eine führt zu hübschen Dörfer im Inselnorden, die andere schlängelt sich in den Südwesten ins terrassierte Valle Gran Rey hinab, an dessen Ausgang ein kleines Ferienzentrum mit dunklen Sandstränden und einer vielfältigen Gastroszene auf Besucher wartet.

Im Inselzentrum laden ein Besucherzentrum und ein ausgeschildertes Wegenetz zu Exkursionen durch die immergrünen Wälder des Nationalparks Garajonay ein – den namengebenden Berggipfel können Sie auf einem gut ausgebauten Wanderweg in weniger als einer Stunde besteigen.

TOP 10
9 ★★ Valle Gran Rey

Nicht verpassen!
47 San Sebastián de la Gomera
48 Hermigua, Agulo, Tamargada & Vallehermoso
49 Parque Nacional de Garajonay

50 Parque Natural de Majona   52 Benchijigua

51 La Dama & Playa de La Rajita   53 Playa de Santiago

Mein Tag durch verträumte Dörfer im immergrünen Norden

So klein Teneriffas Nachbarinsel La Gomera auch sein mag, ein Tagesausflug dafür ist fast zu wenig. Doch mit unserer Rundfahrt gewinnen Sie zumindest einen ersten Eindruck von der stillen Insel, von der vor einem halben Jahrtausend Kolumbus in die Neue Welt segelte. Nutzen Sie den Tag voll und nehmen Sie von Los Cristianos die Frühfähre nach San Sebastián.

9 Uhr: Ankunft bei Teneriffas kleinem Nachbarn

Die 50 Minuten auf dem Wasser vergehen wie im Fluge Und Sie merken es gleich: Kaum haben Sie die Fähre und die Hafenmole von ㊼ San Sebastián verlassen, tickt alles viel ruhiger als auf Teneriffa. Selbst in der kleinen Inselmetropole plätschert das Leben ganz gemächlich vor sich hin. Ein Stadtbummel ist keine große Sache: Von der großzügig angelegten Plaza de las Américas kommen Sie durch die autofreie Calle Real am alten Zollhaus vorbei zur Pfarrkirche; dort soll ein gewisser Christoph Kolumbus vor seiner Überfahrt nach »Indien« gebetet haben.

10 Uhr: Alles Banane!

Vom Hauptort windet sich die Carretera del Norte zunächst zum Tunél de la Cumbre hinauf, hinter dem die Landschaft plötzlich viel

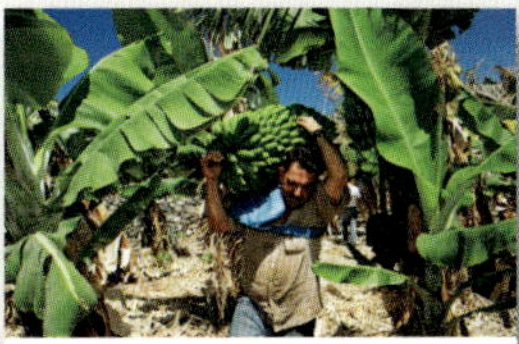

10 Uhr: Alles Banane!

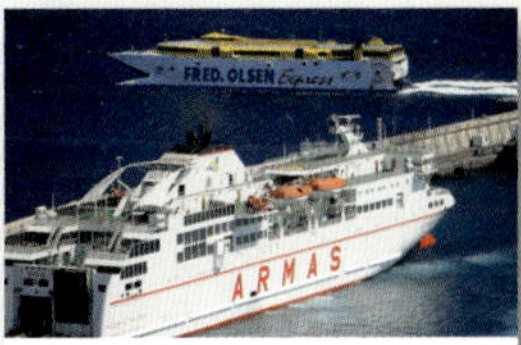

9 Uhr: Ankunft bei Teneriffas kleinem Nachbarn

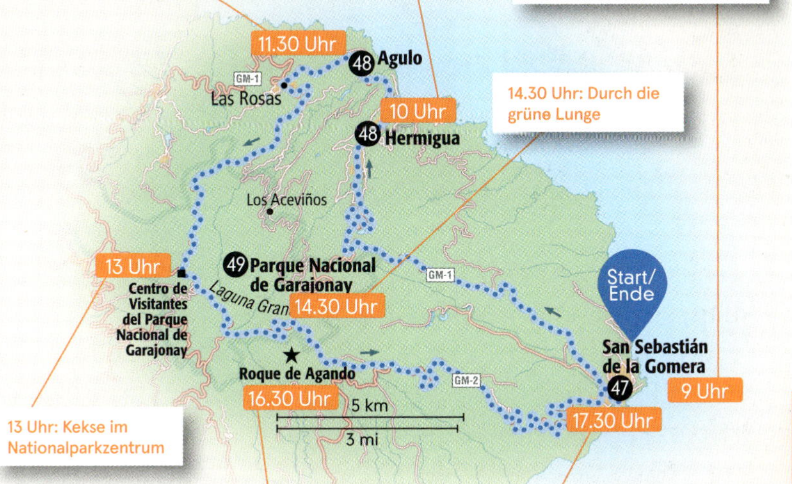

grüner erscheint. Der Wald weicht bald terrassierten Bananenplantagen, praktisch das ganze Tal von ⓸⓼ Hermigua wird von den krummen Früchtchen vereinnahmt. In dem großen Straßendorf können Sie einen Blick in ein Gofiomuseum werfen und danach auf Pedros Kaffeeterrasse bei einem frisch gepressten O-Saft und ein oder zwei Tapas ins Bananental hinabschauen, an dessen Ausgang die Küstenberge abrupt zum Meer hin abfallen.

11.30 Uhr: Wie auf dem Präsentierteller

Im nur wenige Kilometer entfernten 48 Agulo hat Sie Teneriffa wieder eingeholt – von dem wunderbar auf einer Hangterrasse platzierten Dorf haben Sie eine spektakuläre Aussicht auf den zum Greifen nahen Pico del

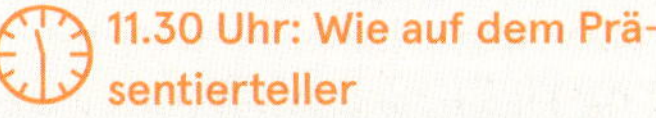

Oben links: Auftakt des Tagesausflugs in den Straßen von San Sebastián. Oben rechts: Weiter geht es über Hermigua. Rechte Seite: Abschied nach einem erfüllten Tag im Hafen von San Sebastián.

Teide, der trotz der Distanz von immerhin rund 60 Kilometer Luftlinie nichts von seiner Größe und Erhabenheit verloren hat. Lassen Sie den Wagen am Dorfeingang stehen und flanieren Sie durch kopfsteingepflasterte Gassen zur Iglesia de San Marcos – vier strahlend weiße Kuppeln geben dieser einen betont maurischen Anstrich.

13 Uhr: Kekse im Nationalparkzentrum

Von Agulo aus erreichen Sie auf einer Bergstraße mitten im immergrünen Hochland das Besucherzentrum Juego de Bolas. Dort zeigt eine Dauerausstellung viel Wissenswertes über den als ❹⓽ Nationalpark Garajonay ausgewiesenen Lorbeer-

wald. Der zugehörige botanische Garten ist relativ klein, aber Sie können darin viele nur auf La Gomera vorkommende Pflanzen entdecken. Im Innenhof des Besucherzentrums ist eine urige Backstube untergebracht, die sich auf Kekse spezialisiert hat. Zwar sehen diese fast alle gleich aus, doch sie schmecken ganz unterschiedlich: mal sind sie mit Ingwer, mal mit einer Spur Koriander verfeinert – und wenn Sie welche ohne Zucker mögen, fragen Sie nach *galletas con sal* (mit Salz).

14.30 Uhr: Durch die grüne Lunge

Nehmen Sie vom Besucherzentrum die quer durch den Lorbeerwald führende schmale Straße nach La

Laguna Grande. Auf der großen Lichtung, eigentlich ist es ein kaum noch als solcher erkennbarer Vulkankrater, staute sich einst das Regenwasser zu einem See. Heute ist Laguna Grande ein vornehmlich am Wochenende von den Gomeros viel besuchtes Freizeitgelände, auf dem ausgiebig gegrillt und gefeiert wird. Der dortige Landgasthof bietet sich für ein spätes Mittagessen an. Alternativ zu den obligatorischen Grillgerichten haben Sie hier eine Möglichkeit, die typisch gomerische Brunnenkressesuppe zu probieren.

16.30 Uhr: Gewitter aus Stein

Von Laguna Grande kommen Sie auf der GM-2 zügig zum Roque de Agando am Südrand des Nationalparks. Nicht selten ragt der markante Vulkanschlot aus einer Wolkenschicht heraus. Bei schönem Wetter haben Sie vom Fuß des monumentalen Felsklotzes freie Sicht bis zur Südküste von La Gomera hinab.

17.30 Uhr: Schön, doch viel zu kurz

Die letzte Fähre in Richtung Teneriffa verlässt den Hafen von San Sebastián gegen 19.30 Uhr. Es bleibt also noch etwas Zeit, um unter den mächtigen Indischen Lorbeerbäumen auf der Plaza de las Américas einen letzten Kaffee zu nehmen. Dann heißt es wieder »adios« zur »Kolumbusinsel« zu sagen, bis zum nächsten Mal und dann vielleicht gerne etwas länger.

❾ ★★ Valle Gran Rey

Warum?	Eines der spektakulärsten Täler der Kanaren
Was?	Majestätische Palmenhaine, sorgfältig angelegte Terrassenkulturen
Wie lang?	Einen halben Tag
Wann?	Der Sonnenuntergang vor Marias Bar ist grandios
Was noch?	Auf einer Bootsfahrt die »Orgelpfeifen« an der Nordküste bestaunen

»Entdeckt« wurde das Tal in den 1970er-Jahren von Aussteigern, die hier für wenig Geld in einfachen Pensionen ihre Ideale auslebten. Heute ist das Palmental das größte Touristenzentrum von La Gomera, das neben Individualreisenden auch viele Pauschalgäste anzieht.

Rechte Seite: Blick auf das lang gestreckte, terrassierte Valle Gran Rey mit seinen vielen verstreut liegenden Häuschen.

Das »Tal des Großen Königs« (span. »Valle Gran Rey«) wurde nach dem Guanchen-Herrscher Orone benannt. Es mündet bei den Orten La Calera, La Playa und Vueltas ins Meer. Während der Anfahrt sollten Sie an zwei spektakulären Aussichtspunkten haltmachen: Vom Mirador El Santo in Arure (ab der Straße kurzer ausgeschilderter Fußweg) haben Sie eine tolle Aussicht auf die Westküste und bei klarem Wetter auf die Nachbarinseln La Palma und El Hierro. Und vom wie ein Adlerhorst an den Rand des Barranco del Valle Gran Rey gebauten Mirador César Manrique liegt Ihnen das Valle Gran Rey zu Füßen.

Terrassenkulturen

Die Straße schlängelt sich steil bergab durch kleine Weiler und Palmenhaine und gibt dabei zauberhafte Ausblicke auf die kunstvoll angelegte Terrassenlandschaft frei. Im geschützten Talgrund gedeihen Südfrüchte, Avocados und Mangos. Am dunklen Strand im Ortsteil La Playa gibt es eine kurze Promenade mit einladenden Terrassenlokalen. Ein Fahrweg führt von dort nach Nordwesten zur wildromantischen Playa del Inglés, an der allerdings hohe Wellen und gefährliche Unterströmungen meist keinen Badebetrieb zulassen. In südwestlicher Richtung kommen Sie von La Playa auf

der Uferstraße zum Hafenviertel Las Vueltas, wo es ebenfalls gute Einkehrmöglichkeiten gibt. Ausgesprochen hübsch ist der etwas landeinwärts gelegene Ortsteil La Calera, hier winden sich autofreie Gassen den Hang hinauf – Individualisten können sich in kleinen Apartmenthäusern einmieten.

Aktivitäten und Ausflüge

Bootsausflüge zählen zu den beliebtesten Unternehmungen. Mehrere Veranstalter im Hafen von Vueltas bieten zum Beispiel – relativ teure – Exkursionen zu den Klippen von Los Órganos an. Meistens geht es um 10.30 Uhr los, das Mittagessen ist im Fahrpreis inbegriffen. Oft kann man Delfine und Wale sehen.

Im Landesinneren sind Wanderungen äußerst reizvoll. Machen Sie sich zu Fuß zu den Bauerndörfchen auf. Das Wegenetz ist gut ausgeschildert, doch nehmen Sie auf alle Fälle eine Wanderkarte mit. Sie erhalten diese zum Beispiel kostenlos im Tourismusbüro von La Playa. Als weitere Unternehmung bietet sich an, ab Valle Gran Rey den Bus zu nehmen und nach Chipude in die südlichen Ausläufer des Parque Nacional de Garajonay zu fahren. Hier haben Sie die Wahl zwischen mehreren Touren: Ein schöner, relativ einfacher Rundweg von etwa drei Stunden führt von Chipude zu einer Felsformation mit dem Namen La Fortaleza (die Burg). Dieses Naturmonument können Sie gar nicht verfehlen, da es von mehreren Punkten aus gut zu sehen ist. Sie können aber auch von Chipude aus durch ein paar kleinere Schluchten in Richtung Südwesten marschieren. Sie kommen an einigen Ermitas, kleinen Kapellen, vorbei, bevor es ins Valle Gran Rey nach La Calera hinuntergeht. Diese schöne Wanderung dauert etwa dreieinhalb Stunden.

Die Playa Calera ist einer der bescheidenen Strände im Valle Gran Rey.

KLEINE PAUSE
Wunderbar sitzt es sich im **Mango** (Tel. 922 80 53 62) an der kurzen Uferpromenade von La Playa.

i ✢ 186 B3

㊼San Sebastián de la Gomera

Was?	**Die Inselmetropole**
Warum?	**Beschaulicher Gegenpol zu den umtriebigen Ferienstädten Teneriffas**
Wie lang?	**Mindestens zwei Stunden**
Wann?	**Vormittags haben unter der Woche alle Geschäfte geöffnet**

Nur wenige Schritte vom Hafen entfernt erwartet die Besucher eine hübsch restaurierte Altstadt, in der man unbehelligt vom Autoverkehr flanieren kann.

Der Turm des Grafen *(Torre del Conde)* war das erste Gebäude, das die Spanier im Jahr 1447 hier errichteten. Als die Inselbevölkerung 1488 den Aufstand probte, verschanzte sich darin die Gattin des Gouverneurs. Christoph Kolumbus soll in der Casa de Colón (Calle Real 56) gewohnt haben, bevor er zu seiner Entdeckungsreise in See stach. Mitte August 1492 machten seine drei Karavellen hier Halt, um Proviant zu laden. Kolumbus war wild entschlossen, die Westroute nach Indien zu finden und ganz nebenbei noch zu beweisen, dass die Erde rund ist. Es heißt, dass er sich mit Beatriz de Bobadilla angefreundet haben soll, der ehemaligen Geliebten von König Ferdinand von Spanien und späteren verwitweten Gouverneursgattin, nachdem ihr bei der Bevölkerung verhasster Mann während des Aufstands im Jahr 1488 ums Leben gekommen war.

Spazieren Sie durch die Straßen von San Sebastián, um ein Gefühl für die Stadt zu bekommen.

KLEINE PAUSE

Das kleine Altstadtlokal **Tasca La Salamandra** (Calle Real 16, Tel. 626 22 33 01) eignet sich hervorragend für eine kleine Pause.

✚ 187 E2
San Sebastián Tourist Information
✉ Calle Real 32 ☎ 922 14 15 12
🌐 www.lagomera.travel 🕐 Mo–Sa 9–13.30, 15.30–18, So 10–13 Uhr

㊽ Hermigua, Agulo, Tamargada & Vallehermoso

Warum?	Weil hier die Welt noch in Ordnung zu sein scheint
Was?	Raue Felsenküste, stille Dörfer, eingerahmt von fruchtbarem Kulturland
Wie lange?	Einen halben bis einen ganzen Tag
Was nehme ich mit?	Ein Gläschen Palmsirup zum Süßen von Desserts

Im Norden der Insel ist zunächst einmal der Weg das Ziel. Die Landschaft hier ist herrlich abwechslungsreich, zudem laden hübsche Dörfer zu einer Besichtigung ein.

Zwar ist auch La Gomera – die nach El Hierro zweitkleinste Kanareninsel – vulkanischen Ursprungs, doch sieht man im Gegensatz zu den anderen westlichen Kanaren kaum vulkanische Formen im Landschaftsbild. Die letzte vulkanische Aktivität muss schon lange zurückliegen, vermutlich hat sie bereits vor einer Million Jahren stattgefunden.

Von Dorf zu Dorf

Wenn Sie San Sebastián auf der GM-1 verlassen, befinden Sie sich gleich mitten im ländlichen La Gomera. Auf dem Weg

Blick von Agulo auf den Teide (Teneriffa) in seinem »Meer aus Wolken«.

zur Nordküste können Sie auf einem ungeteerten schmalen Stichsträßchen nach El Cedro fahren und dort vom Ausflugslokal La Vista (mit Campingplatz) zu einem Wasserfall spazieren. Das erste richtige Dorf ist Hermigua, wo Sie eine Kleinigkeit essen können oder sich das an der Hauptstraße gelegene Museo Etnográfico de La Gomera (Di–Fr 10 bis 18, Sa und So 10–14, Eintritt 2,50 Euro) anschauen. Sehenswert ist die Iglesia de Santo Domingo de Guzmán aus dem 16. Jahrhundert. Sie gehörte zu einem nicht mehr vorhandenen Dominikanerklostcr. In Richtung Norden zählt die Playa de la Caleta zu den besten Stränden, sie ist vom alten Bootsanleger (Pescante) auf einem kurvigen schmalen Teersträßchen erreichbar.

Der Turm der Pfarrkirche von Vallehermoso überragt die Dächer der Stadt.

Die Hauptstraße schlängelt sich an mehreren Küstendörfern vorbei, darunter Agulo mit seinem schönen kompakten Ortskern, bis sie dann landeinwärts nach Tamargada und Vallehermoso schwenkt. Das Wahrzeichen von Vallehermoso ist der 646 Meter hohe Roque Cano. Dabei handelt es sich um einen durch Erosion freigelegten Schlot eines ehemaligen Vulkans. Während das nahe Tamargada ein stiller, beschaulicher Weiler ist, ist Vallehermoso etwas größer und gut als Standort für Bergtouren geeignet.

Die Straße führt nun auf der Höhe nach Süden weiter; man kommt durch einige Dörfer. Die abgelegenen Ortschaften Tazo und Arguamul erreicht man bei guter Witterung über Staubstraßen. Von Arguamul aus können Sie zur einen Kilometer entfernten Playa del Remo wandern. Weiter südlich gelangen Sie über eine Nebenstraße nach Alojera mit seinem winzigen Strand.

㊾ Parque Nacional de Garajonay

Warum?	Die Region gleicht mancherorts einem subtropischen Bergwald
Was?	Wandern im immergrünen Lorbeerdschungel
Wie lange?	Einen halben Tag
Wann?	Den Vier-Insel-Blick vom Garajonay hat man meist am frühen Morgen

Das Schutzgebiet mitten im Zentrum der Insel nimmt an die zehn Prozent der Inselfläche ein. Aus dem immergrünen Wald ragt die 1487 Meter hohe Kuppe des Garajonay hinaus, von der Sie einen traumhaften Ausblick bis zum Pico del Teide auf Teneriffa genießen.

Der Besuch des Nationalparks gleicht einer Zeitreise ins Tertiär: Ein dichter Lorbeerwald, wie es ihn schon seit Millionen von Jahren gibt, überzieht die wellige Hügellandschaft.

Lorbeerwälder waren einst auch im Mittelmeerraum weit verbreitet. Doch durch Klimaverschiebungen wurde es dort für die wärme- und feuchtigkeitsliebenden Bäume zu trocken und zu kalt, sodass sie ausstarben. Die Kanaren aber blieben von den Klimaveränderungen unberührt – das größte zusammenhängende Gebiet hat La Gomera. Das Blätterdach im Lorbeerwald ist mitunter so dicht, dass kaum Sonnenlicht einfällt. Außer vier kanarischen Lorbeerbaumarten können Sie auch Erdbeerbäume, Kanarische Stechpalmen und Gagelbäume entdecken, im Unterwuchs wuchern Riesenfarne und im Frühjahr blühen Gänsedisteln und Storchschnabelgewächse.

Die GM-2 verläuft von San Sebastián mitten durch den Nationalpark und kommt ziemlich nahe am Alto de Garajonay vorbei. Sie können in San Sebastián aber auch den Bus Nr. 1 nehmen und an der Haltestelle Pajarito aussteigen, dann dauert es etwa eine Stunde, bis der 1487 Meter hohe Gipfel erklommen ist. Die Tour ist recht einfach und beliebt. Wer mit dem Taxi oder Mietwagen kommt, hält am Wanderparkplatz El Contadero. Von dort aus führt ein 1,5 Kilometer langer Pfad auf den Berg hinauf. An einem klaren Tag ist das Panorama imposant. Neben der markanten Spitze des Teide sieht man in der Ferne weiter westlich La Palma und El

»Roque de Agando« (oben) heißt die bizarre Felsnase am Ostrand des Nationalparks. Eindrucksvolle Lorbeerwälder (unten links/rechts) gedeihen auch nahe dem Alto de Garajonay, dem höchsten Berg der Insel.

Hierro liegen, manchmal reicht die Sicht gar bis Gran Canaria östlich von Teneriffa.

Es gibt noch viele andere Wanderungen durch den Park. Das Besucherzentrum im Norden nahe Agulo hält eine Fülle von Informationen bereit. Ein kleiner Infostand befindet sich auch in La Laguna Grande (siehe unten).

Spaß macht ein Picknick in **La Laguna Grande**, einer hübschen Lichtung etwa drei Kilometer nordwestlich der Straße zum Alto de Garajonay. Hier finden sich Grillplätze, ein Restaurant und ein Spielplatz.

✠ 186 C3

Centro de Visitantes
(Besucherzentrum) ✉ bei Juego de Bolas in der Nähe von Agulo

unweit der nördlichen Küstenstraße ☎ 922 80 09 93 ◷ tgl. 9.30 bis 16.30 Uhr

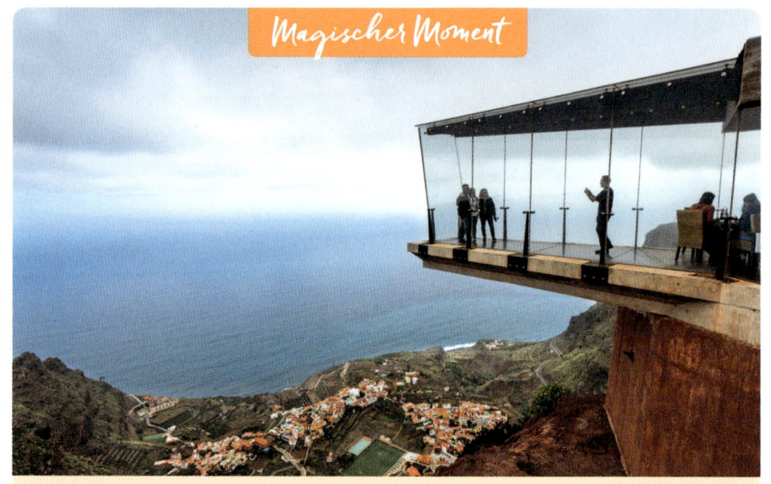

Hart am Kliff

Vom Besucherzentrum des Nationalparks Garajonay bringt Sie ein schmaler Fahrweg zum spektakulärsten Aussichtspunkt am Rand des gomerischen Hochlandes. Wer zu Schwindel neigt, hat am Mirador de Abrante allerdings keine Chance. Der gläserne Boden des »Skywalk« ragt ein gutes Stück über den senkrecht abfallenden Kliffrand hinaus, und Sie haben schnell das Gefühl, den Boden unter den Füßen zu verlieren. Doch wenn es dann geschafft ist, belohnt Sie ein Bilderbuchpanorama auf das exponiert über dem Meer platzierte Landstädtchen Agulo – und in der Ferne grüßt majestätisch der Pico del Teide von Teneriffa.

Nach Lust und Laune!

50 Parque Natural de Majona

Mehr als ein Drittel des Gebiets von La Gomera steht in irgendeiner Form unter Schutz. Der Parque Natural de Majona umfasst die Landstriche der Insel im Nordwesten von San Sebastián. Er besteht aus kanarischem Heide- und Grasland, das vom Menschen geformt wurde. Noch heute können Sie dort traditionelle Schäfer mit ihren Herden beobachten.

⊹ 187 E3

51 La Dama & Playa de La Rajita

Die schmale Serpentinenstraße vom Südhang des Nationalparks Garajonay nach La Dama führt an kleinen Orten wie El Cercado und Chipude vorbei, bis sie schließlich steil und kurvig zur Südküste abfällt. Neben den Bananenplantagen bietet La Dama Ausblicke auf schroffe Felsen, die ihrerseits jäh in den Atlantik stürzen. Ein steiler Weg führt bis zur Playa de La Rajita hinunter.

⊹ 186 B2 ✉ ca. 27 km südlich vom Valle Gran Rey

52 Benchijigua

Benchijigua ist ein verträumter Weiler in einer grünen Senke im südlichen Hochland von La Gomera. Um die schon seit Langem verlassenen Häuser stehen verwilderte Orangen- und Feigenbäume. Im Schatten von Dattelpalmen legen hier viele Wanderer während des Abstiegs vom Roque Agando zur Südküste gern eine kleine Pause ein.

⊹ 186 C2 ✉ ca. 20 km westlich von San Sebastián

53 Playa de Santiago

Dieser – sich heute als Urlaubsort mit Komforthotels positionierende – ehemalige Fischerort liegt in einer ausgedörrten Landschaft im Südosten der Insel Gomera. Der dunkle Sandstrand gehört zu den besten Badeplätzen der Insel. Für sportlich ambitionierte Feriengäste gibt es einen 18-Loch-Golfplatz und eine Tauchbasis, Wanderer können auf alten Pfaden in das Bergland hinaufsteigen.

⊹ 187 D1 ✉ ca. 25 km südwestlich von San Sebastián

Playa de Santiago: Subtropische Gewächse schmücken die Bungalows im Hotel Jardín Tecina.

Wohin zum …
Übernachten?

Preise für ein Doppelzimmer pro Nacht:
€ unter 80 Euro
€€ 80–150 Euro
€€€ über 150 Euro

SAN SEBASTIÁN

Parador de la Gomera €€€
Der Parador von San Sebastián thront hoch
über dem Hafen an einer Straße, die sich
steil nach oben schlängelt. Das Gebäude ist
der Nachbau eines Klosters aus dem 16.
Jahrhundert. Um die schattigen Höfe herum
gruppieren sich mehrere niedrige Gebäude-
flügel aus heimischem Stein und dunklem
Holz. Von den Gärten oben auf den Klippen
haben Sie einen herrlichen Blick über die
Stadt und das Meer.
✛ 187 E2 ✉ Calle Orilla del Llano 1
☎ 922 87 11 00 ⊕ www.parador.es

VALLEHERMOSO

Tamahuche €€
Gleich außerhalb des Zentrums von Vallehermoso liegt diese ruhige Oase. Die zehn
geräumigen Zimmer sind alle mit zwei großen, nebeneinander stehenden Einzelbetten
ausgestattet und einfach gestaltet. Das De-
kor aus lokalem Naturstein verleiht Gemein-
schaftsbereichen wie dem Speisezimmer
eine angenehme Wärme.
✛ 186 C4 ✉ Calle La Hoya 20 ☎ 922 80 11 76
⊕ www.hoteltamahuche.com

HERMIGUA

Ibo Alfaro €€
Dieses entzückende ländliche Hotel ist besonders bei Wandergruppen beliebt. Es
stammt aus dem 19. Jahrhundert und wurde
kunstvoll im traditionell kanarischen Stil mit
viel Naturstein und Holz renoviert. Das Frühstück wird auf einer Sonnenterrasse mit
schönem Blick serviert.
✛ 187 D4 ✉ 38820 Hermigua ☎ 922 88 01 68
⊕ www.hotel-gomera.com

VALLE GRAN REY

Jardín del Conde €€
Drei niedrige, pastellfarbene Gebäude gruppieren sich um eine große, unregelmäßig
geformte Poolterrasse an der Meerespromenade von Valle Gran Rey. Diese attraktive
Apartmentanlage ist bestens gepflegt und mit
viel Grün und blühenden Blumen angelegt.
Die Apartments bestehen aus einem Schlaf-
zimmer mit Balkon oder Terrasse, alle gehen
auf den Pool hinaus.
✛ 186 B3 ✉ Avenida Marítima s/n ☎ 922
80 60 0 ⊕ www.jardindelconde.com

PLAYA DE SANTIAGO

Jardín Tecina €€€
Hoch über dem Kieselstrand von Playa de
Santiago ist das Vier-Sterne-Resort eine ab-
geschlossene Welt für sich und garantiert so
komfortable wie ruhige Ferien. Die Unterkünfte sind in eine verschwenderische Parklandschaft mit Palmen und subtropischer
Zierflora aus aller Welt eingebettet, darunter
herrlich üppig gedeihende Bougainvilleen in
prachtvollen Farben.
✛ 187 D1 ✉ Playa de Santiago ☎ 922 24 51 01
⊕ https://www.jardin-tecina.com

Wohin zum …
Essen und Trinken?

Preise für ein Drei-Gänge-Menü
(ohne Getränke und Service):
€ unter 30 Euro
€€ 30–50 Euro
€€€ über 50 Euro

SAN SEBASTIÁN

Parador de la Gomera €€/€€€
Dreh- und Angelpunkt der Inselhauptstadt
ist die Plaza de las Américas. Dort lässt man
den Tag am besten in einem der Straßen-
cafés ausklingen. Speisen kann man oberhalb davon im Hotel Parador – wer nicht
dort wohnt, sollte allerdings rechtzeitig
reservieren.

✢ 187 E2 ✉ Calle Orilla del Llano 1
☎ 922 87 11 00 ❶ tgl. 11.30–15.30,
19.30–23.30 Uhr

LAS ROSAS

Las Rosas €€
Der Panoramablick ist die Hauptattraktion
dieses hoch über der Nordküste gelegenen
Lokals. Hier machen viele Bustouren halt –
mittags ist oft alles ausgebucht. Serviert
wird typisch kanarische Küche.
✢ 186 C4 ✉ Carretera General
☎ 922 80 09 16 ❶ Mo–Sa 12–16 Uhr

HERMIGUA

Café Pedro €
Direkt an der Dorfstraße gelegen, blicken
Sie von der Terrasse auf die Bananenplantagen im Tal. Ein idealer Platz für eine Tasse
Kaffee mit Kuchen oder ein paar Tapas.
✢ 187 D4 ✉ Carretera General 56
☎ 922 88 09 91 ❶ Di–So 10–20 Uhr

VALLE GRAN REY

Restaurante Abraxas €/€€
Die deutschen Wirtsleute kombinieren traditionelle gomerische Küche mit Anleihen
aus Fernost. Edle Brände wie Mangogeist
und Maracujalikör kommen aus der eigenen
Destille, auch Kuchen und sogar die
Eiscreme werden selbst gemacht.
✢ 186 B3 ✉ La Puntilla (nahe der Uferstraße
und dem Hotel Gran Rey) ☎ 642 56 32 95
⊕ www.abraxas-la-gomera.com
❶ So–Fr 18–23 Uhr

Wohin zum ...
Einkaufen?

Kunsthandwerk und kulinarische Spezialitäten gehören zu den beliebtesten Mit-
bringseln. Kleine Handwerkszentren und
Werkstätten sind über die ganze Insel
verstreut. Eine gute Anlaufstelle ist in
San Sebastián die Markthalle (Avenida
de Colón; Mo–Sa 9–14 Uhr).

KUNSTHANDWERK

Wer sich einen Überblick über das Angebot
an Kunsthandwerk verschaffen möchte,
schaut im Besucherzentrum des Parque
Nacional de Garajonay in Juego de Bolas
bei Agulo (Tel. 922 80 09 33) vorbei.
Eine Werkstatt in Hermigua, Los Telares
(Tel. 922 88 07 81), hat sich auf Webwaren,
vor allem handgearbeitete Läufer, spezialisiert. Die Dörfer Chipude und El Cercado
westlich vom Nationalpark sind für ihre
Töpferei im traditionellen Guanchen-Stil
bekannt. Im Valle Gran Rey gibt es in den
Ortsteilen La Playa, Borbalán und Vueltas
viele kleine Boutiquen und am Busbahnhof
von La Calera sonntags (9–14 Uhr) einen
bunten Markt.

KULINARISCHES

Eine Spezialität von La Gomera ist Ziegenkäse (queso de cabra). Je nach Reifegrad
gibt es ihn als leicht geräucherten Frisch-
käse oder als parmesanartigen Hartkäse
Meist werden die ein bis drei Kilo schweren
Laibe in Paprikapulver oder Gofiomehl ge-
wälzt, was für zusätzliche geschmackliche
Varianten sorgt. Passend zum Käse können
Sie sich in Valle Gran Rey in der deutschen
Bäckerei (Borbalán, Calle El Llano s/n;
www.pandevueltas.com) Vollkornbrot kaufen. Miel de palma ist ein süßer, dickflüssi-
ger, von Dattelpalmen gewonnener Saft.
Man streicht ihn aufs Brot oder träufelt ihn
über Pfannkuchen und Eis. Um Agulo und
Vallehermoso herum keltert man interessante Weine.

Wohin zum ...
Ausgehen?

BOOTSAUSFLÜGE

Sehr beliebt ist eine Exkursion zu den nur
vom Meer aus zu sehenden Basaltsäulen
Los Órganos an der Nordküste. (Regelmä-
ßige Ausfahrten vom Valle Gran Rey: Tel.
629 99 06 43, www.excursiones-tina.com)

Ein beliebtes
Wanderziel
ist das Anaga-
Gebirge im
Nordosten
der Insel.

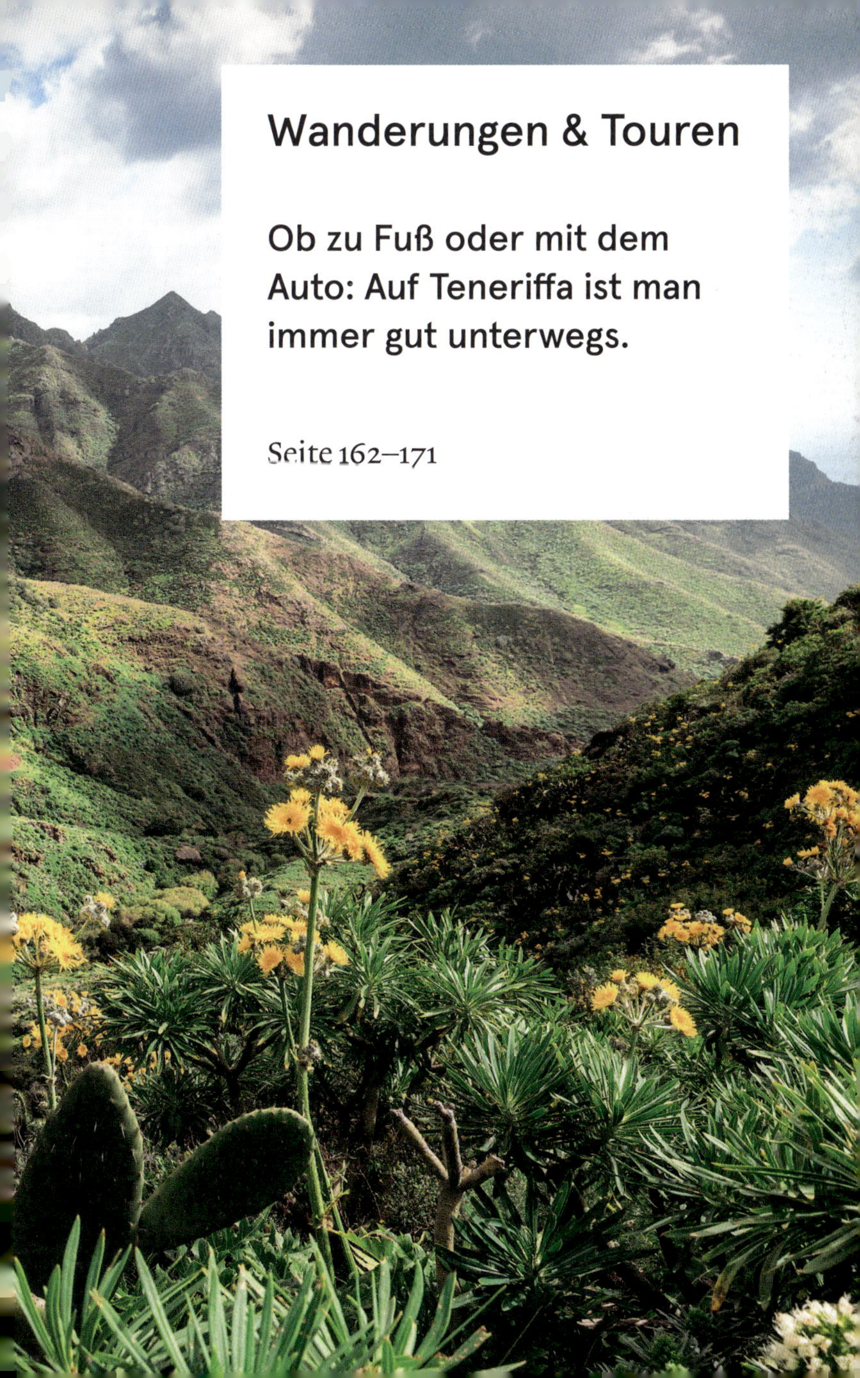
Wanderungen & Touren

Ob zu Fuß oder mit dem Auto: Auf Teneriffa ist man immer gut unterwegs.

Seite 162–171

Fortaleza

Was?	Wanderung
Länge	etwa 12 Kilometer inkl. Rückweg
Dauer	3,5 Stunden, plus Zeit für kleine Pausen und um sich auch mal umzuschauen
Start/Ziel	Centro de Visitantes El Portillo am Nordrand des Teide-Nationalparks ⇡ 192 B3

Bis auf den kurzen Anstieg zum Zedernpass geht es nur leicht auf und ab, dabei haben Sie den Teide fast stets im Blick – wenn er sich nicht in einer Wolke versteckt.

1–2

Die Wanderung beginnt direkt neben dem Eingang des Besucherzentrums El Portillo. Dort steht eine große Wandertafel, die über den Wegverlauf der Wanderwege (*Senderos*) Nr. 1 und 6 informiert. Ihr Weg ist die Nr. 1. Folgen Sie zunächst dem anfangs gepflasterten, von einem Metallgeländer eingefassten Weg durch einen botanischen Garten. Je nach Jahreszeit können Sie hier den Teide-Zwergnatternkopf, das Rutenkraut und den Teide-Ginster blühen sehen.

2–3

Sie verlassen den botanischen Garten bereits nach gut 100 Metern durch ein drehbares Gatter. Der ausgetretene Pfad hält anfangs direkt auf den Pico del Teide zu, der mit seinem pyramidenförmigen Aufbau unübersehbar die Szenerie beherrscht. An einer Steinbank gehen Sie rechts weiter auf den Teide zu, zehn Minuten darauf zweigt links der Sendero 6 ab. Sie gehen jedoch geradeaus weiter durch die von Teide-Ginster dominierte Landschaft. Auch bei den folgenden Verzweigungen bleiben Sie stets auf dem Sendero 1, bis Sie nach einer guten Stunde die Cañada de los Guancheros, eine markante sandige Ebene, erreichen.

3–4

Die Fortaleza liegt jetzt bereits nahe vor Ihnen. Um auf den felsigen Bergrücken hinaufzukommen, verlassen Sie den

Ziehen Sie feste Wanderstiefel an und nehmen Sie genug Trinkwasser sowie eine Kleinigkeit zu essen mit – unterwegs gibt es keine Einkehrmöglichkeit. Auch an Sonnen- und Regenschutz sollten Sie denken.

Sendero 1 nach rechts und steigen auf einem sandigen Pfad zur Degollada del Cedro, dem Zedernpass auf. Zehn Minuten
später erreichen Sie die Passhöhe (2100 Meter), an der die kleine Kapelle Cruz de Fre-
gel steht. Hier können Sie im Schatten von
zwei großen »Zedern« (eigentlich handelt
es sich hier um Kiefern) rasten und die
(hoffentlich wolkenfreie) Aussicht auf den
Teide und die Nordküste genießen.

Sie müssen nicht gleich den Pico del Teide besteigen – im nach ihm benannten Nationalpark gibt es auch weniger anstrengende Wanderungen.

4-5

Steigen Sie von der Kapelle wieder zur Cañada de los
Guancheros ab.

5-6

Dort rechts haltend können Sie dem Sendero Nr. 1 am
Fuß der Fortaleza noch eine halbe Stunde bis zu seinem
Ende folgen – wenn Sie Anfang Juni unterwegs sind, kommen Sie dabei an einem großen Bestand des Teide-Nattern-
kopfs vorbei, der mit seinen bis zu zwei Meter hohen roten
Blütenkerzen zu den botanischen Wahrzeichen Teneriffas
gehört. Gehen Sie nun vom Wegende auf
demselben Weg nach El Portillo zurück.

Der Nordosten und das Anaga-Gebirge

Was?	Autotour
Länge	93 Kilometer
Dauer	Tagesausflug mit 2 bis 3 Stunden Autofahrt
Start/Ziel	La Laguna ✛ 195 E3

La Laguna gibt den perfekten Ausgangspunkt ab, wenn Sie das wildromantische Anaga-Gebirge erkunden wollen.

1–2

Von La Laguna aus nehmen Sie die Autobahn TF-5 bis Santa Cruz de Tenerife und fahren von dort weiter nach San Andrés. Wer Lust hat, beginnt den Tag, indem er an der hübschen Playa de las Teresitas eine Runde im Meer schwimmt. Andernfalls nimmt man gleich die Bergstraße TF-12, die von San Andrés gen Norden verläuft.

Sie können die Rundfahrt genauso gut auch in Santa Cruz de Tenerife oder in San Andrés anfangen.

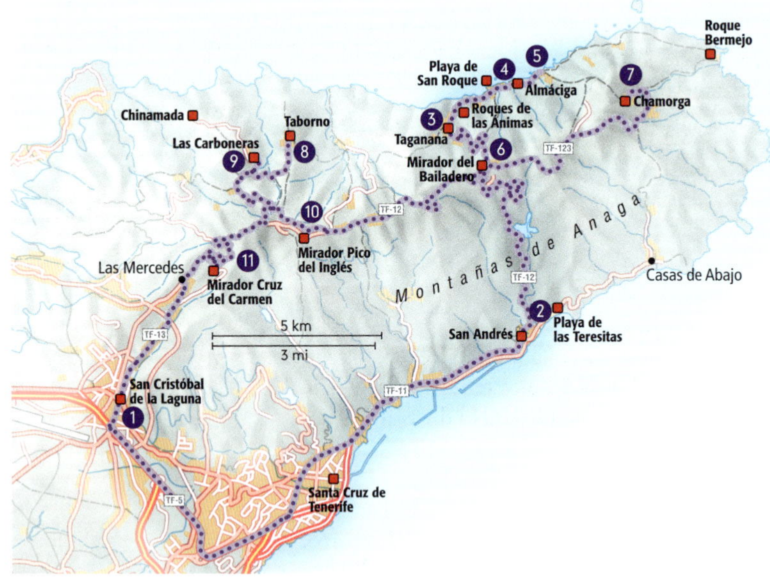

2–3

Etwa neun Kilometer lang geht es über Serpentinen gut 600 Meter nach oben. Dann nehmen Sie den Abzweig nach Taganana, die TF-134. Kurz vor dem Túnel del Bailadero gibt es rechts einen Parkplatz und Aussichtspunkt. Auf dem Weg nach Taganana hinunter befindet sich in der ersten Haarnadelkurve ein weiterer schöner Aussichtspunkt. Nordöstlich von Taganana ragen imposante Gesteinsformationen auf, die Roques de las Ánimas. Sehen Sie sich in Taganana, dem wichtigsten Ort im Gebirge, ein bisschen um.

3–4

Von Taganana aus führt die TF-134 zur Küste hinunter und um den Fuß des Roque de las Ánimas herum. Der erste Strand ist die Playa de San Roque, die bei Surfern sehr beliebt ist und mehrere kleine Lokale zu bieten hat. Hier legen Sie am besten eine Mittagspause ein, denn in den Bergdörfern kann es schwierig sein, ein offenes Lokal zu finden.

4–5

Eine Stichstraße führt nun einen halben Kilometer in Richtung Almáciga (auch hier laden Restaurants zum Verweilen ein), ein kleines Dorf mit schönem Meerblick. Die Straße endet in Benijo, wo Sie sich wirklich wie am Ende der Welt fühlen. Von hier aus können Sie eine etwa dreistündige Wanderung an der Nordostküste bis nach Roque Bermejo, eine winzige Siedlung an der Küste, unternehmen.

Was erwartet Sie auf dieser Tour? – Stellen Sie sich auf beeindruckende Landschaften und kleine, weltabgeschiedene Dörfer ein, die im Vergleich zu den Touristenhochburgen im Süden wie von einem anderen Stern wirken.

5–6

Von der Küste fahren Sie auf demselben Weg wieder ins Bergland zurück. Sobald Sie die TF-12 erreichen, geht es ein kurzes Stück gen Westen und dann nach Osten, wobei Sie der Beschilderung nach Chamorga folgen. Rasch ist der Mirador del Bailadero erreicht. Bei klarem Wetter bietet sich hier ein herrlicher Panoramablick über die Nordküste.

6–7

Von diesem Aussichtspunkt aus schlängelt sich die schmale TF123 zum Teil durch dichte Wälder hindurch bis zur abgelegenen Siedlung Chamorga, die in ländlicher Lethargie vor

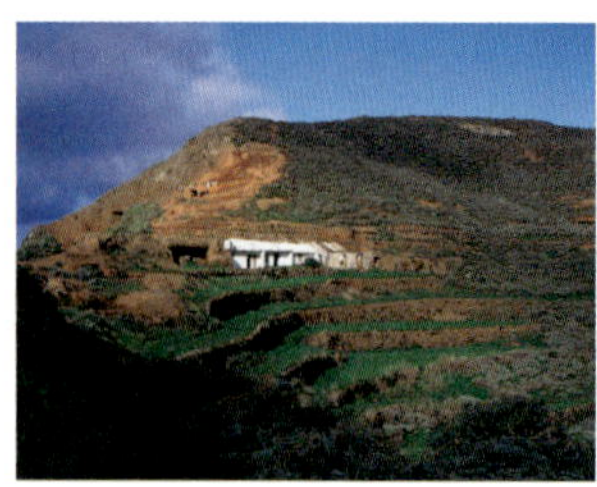

Wer das Anaga-Gebirge erkundet, wird immer wieder mit herrlichen Ausblicken belohnt.

sich hin döst. Hier gibt es eine Kapelle, ein paar verstreute Häuser und viele Drachenbäume. Ein Wanderweg windet sich in den Barranco de Roque Bermejo hinunter.

7–8

Fahren Sie auf der TF 123 wieder die zwölf Kilometer zur Kreuzung mit der TF-12 zurück und folgen Sie dieser nun nach Westen. Etwa sieben Kilometer darauf gelangen Sie zum Abzweig (TF-145) nach Taborno und Las Carboneras. Sechs Kilometer sind es bis nach Taborno, ein interessantes Dorf, das einen Balanceakt auf einem Bergkamm zu vollführen scheint. Vom nördlichen Ortsteil aus genießen Sie einen herrlichen Blick über die imposante Anaga-Küste.

8–9

Wieder von Taborno zurück, biegen Sie nach drei Kilometern rechts in Richtung Las Carboneras ab. Von dort gehen Sie zu Fuß weiter nach Chinamada. Als Alternative dazu bietet sich einen halben Kilometer zuvor der rund fünf Kilometer lange Wanderweg nach Chinamada an. Wer Zeit hat, sollte sich für diese schönere Tour entscheiden. Chinamada ist vor allem wegen seiner Höhlenwohnungen bekannt.

9–10

Falls Sie sich für eine der beiden Wanderungen nach Chinamada entschieden haben und nun zum Auto zurückkehren, nehmen Sie wieder die TF-12 in Richtung Westen. Nach rund zwei Kilometern ist südlich der Hauptstraße ein schöner Aussichtspunkt ausgeschildert, der Mirador del Pico del Inglés. Von hier blicken Sie über das südliche Anaga-Gebirge und die Küste bis nach Santa Cruz de Tenerife.

10–11

Ein paar Kilometer westlich erreichen Sie an der Hauptstraße den Mirador Cruz del Carmen. Hier gibt es ein Besucherzentrum für das Biosphärenreservat von Anaga (tgl. 9.30–16 Uhr). Die TF-12 und die TF-13 führt Sie die restlichen neun Kilometer über Las Mercedes zurück nach La Laguna.

Der Nordwesten und das Teno-Gebirge

Was?	Autotour
Länge	77 Kilometer
Dauer	Tagesausflug mit 1,5 bis 2 Stunden Autofahrt
Start/Ziel	Garachico ✛ 190 C5

Diese Tour erschließt Teneriffas Nordwesten und bietet ganz andere Eindrücke als die Fahrt durch das Anaga-Gebirge. Als Ausgangspunkt ist hier Garachico gewählt, aber natürlich kann man jederzeit auch in Puerto de la Cruz oder Icod starten. Ein Teil der Strecke, die Fahrt von Buenavista zur Punta de Teno, ist nur mit dem Linienbus möglich.

1–2

Sie sollten versuchen, bereits am Vorabend dieser Exkursion in Garachico anzukommen, damit noch etwas Zeit zum Entspannen bleibt. Am nächsten Tag fahren Sie dann gleich am Morgen nach Icod de los Vinos. Wenn noch nicht geschehen, müssen Sie hier den Drago Milenario bewundern.

2–3

Von Icod führt die TF-82 nach Westen bergauf nach El Tanque (9 km). Gen Süden geht es immer steiler nach oben; Sie kommen an Erjos vorbei und erreichen dann nach acht Kilometern den Pass Puerto de Erjos (1117 m hoch). Jetzt sind Sie mitten im Teno-Gebirge, das Sie von nun an den ganzen Tag lang begleiten wird. Vom Pass aus geht es steil hinunter zum vier Kilometer entfernten Santiago del Teide.

3–4

Eine Nebenstraße zweigt westlich von Santiago ab und schlängelt sich wieder auf gut 1000 Meter Höhe hinauf. Schnell ist ein Aussichtspunkt mit herrlichem Blick bis zum Meer erreicht. Von hier geht es in vielen engen Serpentinen zum reizenden Dorf Masca hinunter. Gönnen Sie sich ein Stündchen, um zunächst durch das Dorf mit seinen vielen

Garachico ist ein charmantes Dorf am Meer, in dem man schöne Ausblicke genießen, zu einem Bergdorf wandern, einen alten Drachenbaum besichtigen und den Tag dann gut mit einem Drink ausklingen lassen kann.

Palmen zu bummeln und dann in einem der Lokale – vielleicht im Blanky (siehe S. 112) – einzukehren.

4–5

Von Masca aus geht es weiter in Richtung Norden, vorbei an einem im Winter recht beeindruckenden Wasserfall und einigen noch zu dem Bergdorf gehörenden Häusern. Fünf Kilometer lang windet sich die Straße hinauf und hinunter, um sich dann zum Mirador de Baracán hinaufzuschlängeln. Mitunter bläst hier ein so starker Wind, dass man fürchtet, fast mitsamt dem Auto weggefegt zu werden.

5–6

Vom Mirador de Baracán passieren Sie den verschlafen wirkenden Weiler El Palmar, nach dem ein Wein benannt ist. Weiter geht es nach Buenavista del Norte im äußersten Nordwesten der Insel. Schöne Häuser aus dem 17./18. Jh. und die Iglesia de Nuestra Señora de los Remedios säumen dort die Plaza.

6–7

Für den lohnenden Abstecher zur knapp 10 km entfernten Punta de Teno heißt es nun in einen Shuttle-Bus umzustei-

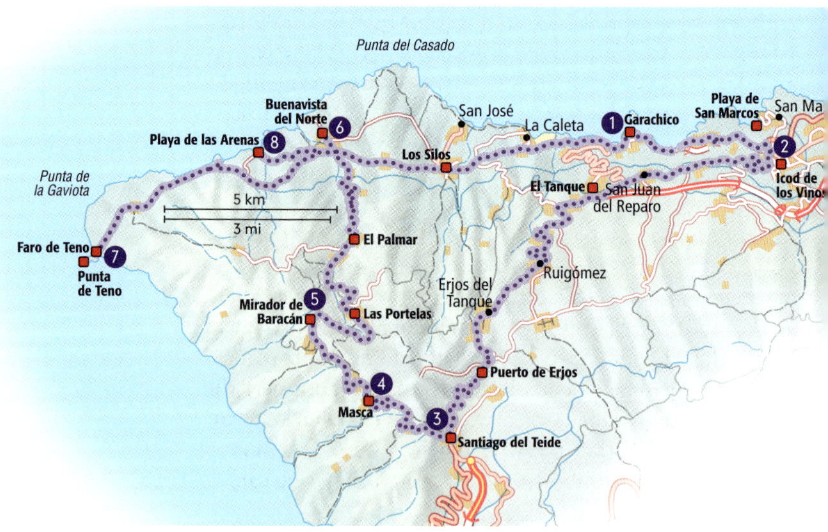

WANDERUNGEN & TOUREN

gen, da die Zufahrt auf der schmalen Bergstraße für den privaten Verkehr nur noch stark eingeschränkt möglich ist. Der Busbahnhof (Estación de Guaguas) in Buenavista del Norte befindet sich ein paar Schritte nördlich der Durchgangsstraße. Die Linie 369 zur Punta de Teno verkehrt stündlich. Westlich von Buenavista steigt die TF-445 bald an, mitunter ist die Trasse ins dunkle Vulkangestein gehauen. Nach dem zweiten Tunnel fallen die zerklüfteten Klippen jäh ins Meer ab und werfen tiefe Schatten über das Wasser. Der Ausblick öffnet sich auf die westlichste Spitze von Teneriffa. Endstation sind dort zwei Leuchttürme, von denen Sie wunderbar die Steilküste von Los Gigantes überblicken. Mit dem nächsten Bus geht es wieder nach Buenavista zurück.

Die wildromantische Landschaft im Nordwesten zählt zu Teneriffas größten Sehenswürdigkeiten.

7–8

Fahren Sie dann im eigenen Wagen nochmals ein kleines Stück auf der TF-445 in Richtung Punta de Teno zurück, biegen Sie kurz nach dem westlichen Ortsausgang rechts zur Playa de las Arenas ab und folgen Sie dem Sträßchen für 2 km bis zum Meer. Von dem wildromantischen Strand haben Sie nochmals einen spektakulären Rückblick auf die zur Punta de Teno führende Bergstraße. Zum Schwimmen lädt der steinige Strand nicht unbedingt ein. Wenn Sie jedoch einkehren möchten, bietet sich das Restaurant El Burgado (S. 108) an – es ist weit und breit der beste Platz für einen Sundowner.

8–1

Von der Playa de las Arenas geht es dann wieder nach Buenavista del Norte und von dort auf der TF-42 ostwärts. Wo der Ort endet und Los Silos beginnt, lässt sich kaum sagen, aber hier sind Sie mitten im Bananenland. Kurz bevor Sie Garachico erreichen, kommen Sie am Mirador del Emigrante vorbei, an dem ein Denkmal an die vielen Auswanderer erinnert, die in den letzten Jahrhunderten Teneriffa den Rücken kehrten, um ihr Glück in Lateinamerika zu suchen. Ganz nebenbei haben Sie von dort nochmals einen tollen Ausblick auf die Küste.

Praktische Informationen

Was vor der Reise wichtig ist, wie Sie vor Ort gut zurechtkommen und viele Infos mehr erfahren Sie hier.

Seite 172–182

Savoir-vivre in Puerto de la Cruz: Genießen Sie einen guten Drink in einer Bar oder probieren Sie die einheimische Küche in einem der Restaurants im Fischerviertel La Ranilla.

VOR DER REISE

Auskunft

Webseiten
www.holaislascanarias.com: Die offizielle »Begrüßungswebseite« der kanarischen Regierung gibt eine kurze Einführung zu den Inseln; besonders nützlich ist der umfangreiche Veranstaltungskalender.
www.webtenerife.com: Auf dieser Seite informiert die Inselregierung (Cabildo) von Teneriffa über geschichtliche Hintergründe, Natur und Kultur auf Teneriffa und hält viele praktische Tipps zu Aktivitäten vor Ort bereit.

Spanische Fremdenverkehrsämter
in Deutschland: Lichtensteinallee 1 10787 Berlin, Tel. 030 882 65 43 www.spain.info
in Österreich: Walfischgasse 8/14, 1010 Wien, Tel. 01 512 95 80-11
in der Schweiz: Seefeldstr. 19, 8008 Zürich, Tel. 044 253 60 50

Diplomatische Vertretungen
Deutschland: Honorarkonsulat, Calle Guillermo Rahn 4, Puerto de la Cruz, Tel. 922 24 88 20, www.spanien.diplo.de
Österreich: Honorarkonsulat, Calle Pérez Zamora 9, Puerto de la Cruz, Tel. 922 37 63 64, www.bmeia.gv.at
Schweiz: Konsulat, Urbanización Bahía Feliz, Edificio de Oficinas, Local 1. Playa de Tarajalillo (Gran Canaria), Tel. 928 15 79 79, www.eda.admin.ch

Elektrizität
Die Stromspannung liegt bei 220 Volt. Zwischenstecker werden nicht benötigt.

Ermäßigungen
Senioren ab 60 Jahren erhalten bei innerkanarischen Flug- und Schiffsreisen einen Rabatt. Für Studenten gibt es keine Ermäßigungen.

Feiertage
1. Januar	Neujahr
6. Januar	Heilige Drei Könige
Februar/März	Faschingsdienstag
März/April	Karfreitag, Ostersonntag
1. Mai	Tag der Arbeit
30. Mai	Tag der Kanarischen Inseln
15. August	Mariä Himmelfahrt
12. Oktober	Spanischer Nationalfeiertag
1. November	Allerheiligen
6. Dezember	Verfassungstag
8. Dezember	Mariä Empfängnis
25. Dezember	Weihnachten

Geld
Landeswährung: Spanien gehört zur Eurozone; für die Schweiz gilt: 1 € = 1,01 CHF; 1 CHF = 0,99 € (tagesaktueller Wechselkurs auf www.oanda.com)
Sperrnummern: Unter Tel. 0049 116 116 kann man in Deutschland Bank- und Kreditkarten, Online-Banking-Zugänge, Handykarten und die elektronische Identitätsfunktion des neuen Personalausweises bei Verlust sperren lassen. Für Österreich gilt die Telefonnummer: 0043 1 204 8800. Die Schweiz hat keine einheitliche Notfallnummer. Die wichtigsten sind:
0041 44 659 69 00 (Swisscard);
0041 44 828 31 35 (UBS Card Center);
0041 58 9 58 83 83 (VISECA);
0041 44 8 28 32 81 (PostFinance).

Gesundheit
Krankenversicherung: Für Versicherte in den gesetzlichen Krankenkassen werden in Spanien die Kosten für ärztliche Leistungen erstattet. Voraussetzung dafür ist die Vorlage der Europäischen Krankenversicherungskarte sowie bei eventuellen Ausgaben für Medikamente etc. die Vorlage der Quittungen. Eine private Reisekrankenversicherung, die z.B. die Kosten für einen Krankenrücktransport übernimmt, ist dennoch empfehlenswert.
Deutschsprachige Ärzte: Eine Anlaufstelle in Nordteneriffa ist das Deutsche Ärztezentrum in Puerto de la Cruz (Plaza Laurel 3, Tel. 922 38 51 59, www.deutsches-aerztehaus. de), im Süden das Deutsche Ärztezentrum in Playa de las Américas (Avenida Centenario s/n, Tel. 922 79 29 08, www.daez.eu). Weitere Adressen erhalten Sie an der Hotelrezep-

tion oder über die jeweiligen diplomatischen Vertretungen.

Apotheken: Außerhalb der Geschäftszeiten verweist ein Schild an der Tür auf die nächste geöffnete Apotheke. Medikamente sind in Spanien in der Regel billiger als im Heimatland.

In Kontakt bleiben

Post: Postkarten und Briefe sind nach Mitteleuropa etwa eine Woche unterwegs. Staatliche Postämter haben in der Regel Mo–Fr 9–14, Sa 9–13 Uhr geöffnet. Neben dem staatlichen Postdienst Correos gibt es auf den Kanaren verschiedene private Anbieter mit eigenen Briefmarken und Briefkästen; es gilt von daher darauf zu achten, dass man seine Ansichtskarten nicht in den falschen Briefkasten wirft, da diese ansonsten nicht befördert werden. Die Briefkästen der Staatspost Correos sind gelb.

Telefonieren: Mobiltelefone wählen sich automatisch in das entsprechende Partnernetz ein. Roaming-Gebühren fallen seit 2017 nicht mehr an. Das Netz auf Teneriffa ist sehr gut ausgebaut, Funklöcher gibt es nur in abgelegenen Schluchten (Barrancos).

Internationale Vorwahlen

nach Spanien: 0034
nach Deutschland: 0049
nach Österreich: 0043
in die Schweiz: 0041

WLAN: Viele Hotels bieten WLAN-Hotspots an, doch nicht in jedem sind diese gebührenfrei. Kostenlos surfen können Sie in vielen Cafés und Restaurants, achten Sie am Eingang auf den Schriftzug »WiFi« und fragen Sie gegebenenfalls nach dem Passwort (clave, contraseña).

Notruf

Zentraler Notruf für Polizei, Feuerwehr und Krankenwagen: 112.

Reisedokumente

Für die Einreise benötigen Reisende aus Deutschland, Österreich und der Schweiz einen Personalausweis oder einen Reisepass. Nationaler Führerschein und Kraftfahrzeugschein werden anerkannt. Für Hunde und Katzen sind ein EU-Heimtierausweis sowie eine Identitätskennung durch Mikrochip erforderlich. Die Tollwutimpfung muss mindestens 30 Tage alt sein, jedoch nicht älter als ein Jahr.

Reisezeit

Teneriffa ist mit seinem ausgeglichenen Klima ein Ganzjahresreiseziel, in dem selbst in den kühlsten Monaten Januar und Februar im Meer gebadet werden kann. Hochsaison sind die Wintermonate, vor allem Weihnachten. Doch auch die Osterferien sind immer gut gebucht. Eine Attraktion im Februar ist der groß in Santa Cruz gefeierte Karneval. Von ihrer grünsten Seite zeigt sich die Insel im März, der Bergfrühling in Höhenlagen über 1800 m beginnt im Mai – für Ausflügler und Wanderer ist dies sicherlich die spektakulärste Zeit, den Nationalpark Teide zu besuchen.

Sicherheit

In den großen Ferienzentren sind Einbrüche in Apartmentanlagen und Autos relativ häufig. Die Hotelzimmer in allen größeren Anlagen sind mit Safes ausgestattet (in der Regel gegen eine Extragebühr).

Zeit

Auf den Kanaren gilt die Westeuropäische Zeit, d.h. Sie müssen bei der Ankunft die Uhr eine Stunde zurückstellen.

Zollbestimmungen

Die Kanaren haben innerhalb der EU einen Sonderstatus, so gelten bei der Wiedereinreise ins Heimatland für bestimmte Waren Höchstmengen, z.B. 200 Zigaretten und 2 Liter Wein. Reiseandenken sind bis zu einem Gesamtwert von 430 € zollfrei (Schweiz bis zu 100 CHF).

ANREISE

Mit dem Flugzeug: Teneriffa wird von allen großen deutschen, österreichischen und Schweizer Flughäfen angeflogen. Internationale Flüge landen auf dem Flughafen Teneriffa Süd (Tenerife Sur), Flüge vom spanischen Festland und den kanarischen Nachbarinseln auf dem Flughafen Teneriffa

Nord (Tenerife Norte). Die Flugzeit von Frankfurt am Main beträgt etwa viereinhalb Stunden.

Vom Flughafen in die Ferienzentren: Von Teneriffa Süd verkehrt die Buslinie 111 im Halbstundentakt über Los Cristianos nach Playa de las Américas (Fahrzeit 30 Minuten). Linie 343 verbindet mehrmals täglich mit Puerto de la Cruz (Fahrzeit etwa 90 Minuten).

Mit dem Schiff: Von Cádiz in Südspanien aus fährt einmal pro Woche eine Autofähre nach Teneriffa; die Überfahrt dauert zwei Tage. Die Schiffspassage ist relativ teuer und nur für Langzeiturlauber interessant, die partout ihren eigenen Wagen mitbringen wollen.

UNTERWEGS AUF TENERIFFA

Busse: Öffentliche Busse werden auf Teneriffa *guaguas* genannt. Das Busunternehmen TITSA (www.titsa.com) unterhält ein dichtes Busnetz, das selbst entlegene Ortschaften einbezieht. Fahrpläne gibt es an den großen Busbahnhöfen und in Touristenbüros. Vielfahrer können ein TenMas-Ticket lösen, das Ermäßigungen von bis zu 50% gewährt. Die Busse fahren meist sehr zuverlässig auf die Minute genau.

Straßenbahn: In der Hauptstadt Santa Cruz gibt es eine moderne Straßenbahn (tranvía), die von 6 Uhr morgens bis Mitternacht verkehrt, während der Stoßzeiten alle 5 bis 15 Minuten. Besonders empfehlenswert ist die Linie 1, die vom Busbahnhof (Intercambiador) mit der Nachbarstadt La Laguna (Endhaltestelle La Trinidad nahe der Altstadt) verbindet (Fr, Sa rund um die Uhr). Eine zweite Linie verkehrt zwischen den Stadtteilen Tíncer und La Cuesta. Der Einzelfahrschein ist mit 1,35 € sehr günstig (www.metrotenerife.com).

Taxi: Die Taxifahrer sind verpflichtet, bei allen Fahrten den Taxameter einzuschalten. Die Fahrt vom Flughafen Teneriffa Süd nach Playa de las Américas kostet etwa 35 €, nach Puerto de la Cruz etwa 90 €.

Auto/Mietwagen: Verglichen mit dem mitteleuropäischen Preisniveau ist ein Mietwagen auf Teneriffa relativ günstig zu haben – je nach Anbieter und Mietdauer zahlen Sie für ein Fahrzeug der unteren Kategorie zwischen 20 und 30 Euro pro Tag. Auch das Benzin ist wegen der niedrigen Besteuerung erheblich billiger als auf dem Festland. Egal ob Sie schon von zu Hause aus bei internationalen Autovermietungen oder vor Ort bei lokalen Anbietern buchen: immer wird ohne Kilometerbeschränkung vermietet. Große Anbieter wie Avis, Europcar und Hertz sind mit Niederlassungen an den beiden Flughäfen vertreten, doch auch etliche lokale Firmen (die größte ist Cicar, www.cicar.com), haben ihre Büros direkt in der Ankunftshalle. Erkundigen Sie sich, was im Versicherungsschutz alles enthalten ist und wie hoch im Schadensfall die Selbstbeteiligung ist. Einer der wenigen Anbieter, die vollen Versicherungsschutz ohne Selbstbeteilung gewähren, ist Sunny Cars (www.sunnycars.de). Als Fahrer des Mietautos müssen Sie mindestens 21 Jahre alt sein und über eine Kreditkarte verfügen. Der Zustand der Straßen ist gut bis hervorragend. Bis auf ein kurzes Stück im Nordwesten ist die Insel durch eine Ringautobahn erschlossen. Aber das hohe Verkehrsaufkommen in der Metropolregion Santa Cruz/La Laguna, aber auch in den touristischen Ballungsräumen entlang der Südküste, sorgt oft für Staus. Die Höchstgeschwindigkeit innerhalb geschlossener Ortschaften beträgt 50 km/h, auf Landstraßen 90 km/h und auf Schnellstraßen und Autobahnen 100 km/h. Vorfahrt hat grundsätzlich das von rechts kommende Fahrzeug, im Kreisverkehr immer, wer sich bereits im Kreis befindet. Parkraum ist vor allem in den Großstädten Santa Cruz und La Laguna extrem knapp, am besten Sie steuern im Innenstadtbereich gleich das nächste ausgeschilderte Parkhaus an. Die Promillegrenze liegt bei 0,5. Bußgelder sind in Spanien ziemlich hoch, dies gilt vor allem für Geschwindigkeitsüberschreitungen. Über Inkassounternehmen werden Bußgeldbescheide auch im Heimatland eingetrieben.

Schiff: An der Süd- und Westküste Teneriffas werden Walbeobachtungstouren angeboten. Achten Sie auf von der Inselregierung lizenzierte Boote (Blue boat). Der schönste Bootstrip führt von Los Cristianos nach La Gomera. Sie können den Ausflug mit einer organisierten Inselrundfahrt im Bus kombinieren oder sich die kleine Nachbarinsel auf eigene Faust ansehen; den Mietwagen müssen Sie evtl. im Hafen von San Sebastián reservieren, da bei den meisten Verleihfirmen die Mitnahme des Autos von einer Insel zu anderen nicht erlaubt ist. Eine Ausnahme ist der kanarische Anbieter Cicar (www.cicar.com), der die Mitnahme erlaubt, sofern der Wagen wieder auf die Insel zurückgebracht wird, auf der er angemietet worden ist.

Inselhüpfen: Viele Reiseveranstalter bieten Ferien auf mehreren Kanarischen Inseln an. Sind Sie auf eigene Faust unterwegs, können Sie auf ein hervorragend ausgebautes Netz an Flug- und Fährverbindungen zwischen den Inseln zurückgreifen. Für einen Tagesausflug eignet sich nicht nur La Gomera – auch zwischen Teneriffa und Gran Canaria verkehren Hochgeschwindigkeitskatamarane, für die Strecke von Santa Cruz nach Agaete benötigen diese 80 Minuten, nach Las Palmas 100 Minuten.

ÜBERNACHTEN

In den Regionenkapiteln dieses Reiseführers werden **Unterkünfte** aller Kategorien vorgestellt. Die Insel wird überwiegend pauschal über Reiseveranstalter wie TUI gebucht, je nach Wunsch mit Frühstück, Halbpension oder »Alles inklusive«. Selbstversorger und Individualreisende, die ihre Ferien in Eigenregie organisieren und so z. B. je eine Woche im Inselsüden und Inselnorden und vielleicht noch ein paar Tage in einem Landhotel in den Bergen verbringen möchten, finden über einschlägige Internetportale wie www.booking.com eine große Auswahl an Übernachtungsmöglichkeiten. Ob pauschal oder individuell: Immer sollten Sie für die Hauptsaison im Winter (vor allem über Weihnachten) zeitig disponieren – die besten Adressen sind mitunter bereits ein halbes Jahr im Voraus ausgebucht.

ESSEN UND TRINKEN

Die klassische kanarische Küche ist eine deftige Bauernküche, die von dem lebt, was Boden und Meer hergeben. Traditionell essen können Sie vielfach in Landgasthöfen. In den Städten und Touristenzentren wird dagegen die Esskultur mehr von spanischen und internationalen Einflüssen geprägt.

Restaurants aller Kategorien werden in diesem Reiseführer in den Regionenkapiteln vorgestellt.

Regionale Fisch- und Fleischküche: Herzhafte Suppen und Eintöpfe sind ein wesentlicher Bestandteil der kanarischen Kost. Fleisch und Fisch werden meist *a la plancha* auf der heißen Platte gebraten, als Beilage serviert man dazu Kartoffeln In Salzkruste *(papas arrugadas)*. Verzehrt werden diese mit Schale, nicht ohne sie vorher in eine mehr oder weniger scharfe Tunke *(Mojo)* zu stippen. Zu Fisch passt hervorragend grüner Mojo, zu Fleischgerichten die rote Variante. Geschätzte Atlantikfische sind *vieja* (Papageienfisch), *cherne* (Wrackbarsch); trotz des ungewöhnlichen Namens ist auch das weiße Fleisch des *alfonsiño* (Glänzender Schleimkopf) sehr beliebt. Fleisch muss größtenteils eingeführt werden, neben Steaks vom Rind und Koteletts vom Schwein stehen vielerorts Lammspezialitäten und gebeiztes Kaninchen auf der Karte; von der Insel stammt meist das Ziegenfleisch. Für Vegetarisches bleibt in der kanarischen Küche nicht viel Platz. *Die* kanarische Beilage schlechthin ist Gofio, ein geröstetes Getreidemehl, das schon das Grundnahrungsmittel der Guanchen war.

Spezialitäten vom spanischen Festland: Obschon seit mehr als einem halben Jahrtausend spanisch, konnte sich die Festlandküche lange nicht auf den Kanaren durchsetzen. Doch heute gehören Serrano-Schinken und Tortilla zum Angebot vieler Tapasbars, und natürlich gibt es das spanische Nationalgericht, die Paella.

Lateinamerika lässt grüßen: Seit Kolumbus' Zeiten dienen die Kanaren als Zwischenstation auf dem Weg von Spanien nach Lateinamerika. So überrascht es nicht, dass viele Gerichte einen lateinamerikanischen Touch haben. Bananen, Tomaten, Kartoffeln, Paprika und Mais, selbst Avocado und Papaya – sie alle sind von Mittel- und Südamerika auf die Kanaren gekommen. Typisch ist auch der Kakao: Von Montezuma und den Azteken als Zaubertrank gepriesen, ist dieser heute Bestandteil eines nahrhaften Frühstücks namens *churros con chocolate*: Man taucht seine Churros (in Öl frittiertes Spritzgebäck) in eine Tasse heiße Schokolade hinein – und fertig. Ausschau halten sollten Sie auch nach einer Spezialität aus Venezuela: *arepas*, die in darauf spezialisierten Areperías angeboten werden. Dabei handelt es sich um knusprig ausgebackene kleine Maistaschen, die meist pikant gefüllt und zusammen mit einer scharfen Sauce gegessen werden. Zwei oder drei davon reichen, um preiswert den kleinen Hunger zu stillen.

Café solo, Carajillo, Sangria & Co.: Wie die kanarische Küche hat sich auch die Kaffeekultur auf den Inseln entwickelt und erweitert. Fast überall bekommen Sie heute neben dem traditionellen spanischen Espresso *(café solo)* und dem Milchkaffee *(café con leche)* auch Cappuccino und Latte macchiato. Mit *Barraquito* (mit Kondensmilch und geschäumter Milch geschichteter Espresso) und *carajillo* (Espresso mit einem Schuss Brandy) seien noch zwei weitere spanisch-kanarische Kaffeevarianten genannt.

Die Einheimischen trinken gern ein frisch gezapftes Bier zum Essen. Die lokale Marke heißt La Dorada, man bestellt davon eine *caña* (kleines Glas) oder eine *jarra* (großes Glas). Zudem gibt es etliche Importbiere aus Deutschland und Belgien. Der Inselwein wird in fünf Anbaugebieten mit geschützter Herkunftsbezeichnung (denominación de origen) gekeltert, der bekannteste davon kommt aus der Region Tacoronte-Acentejo. Weinkenner ziehen den Teneriffa-Wein vielfach der Importware vom spanischen Festland vor. Fast überall gleich mundet die Sangria. Sehr populär sind frische Fruchtsäfte. Halten Sie Ausschau nach einer *zumería* (Saft-

bar) wo neben Orangensaft auch exotische Mixturen aus Papaya, Mango und Ananas angeboten werden – die Fürchte kommen vielfach frisch von der Insel.

Essenzeiten und Trinkgeld: Gegessen wird generell später als in Mitteleuropa üblich. Das Mittagessen gibt es etwa ab 13 Uhr, das Abendessen etwa um 21 Uhr. Hotels und Ausflugslokale haben sich jedoch den Bedürfnissen ihrer Gäste angepasst und servieren das Abendessen schon ab 19 Uhr. Vielerorts wird ein preiswertes *menú del día* angeboten: Es besteht aus drei recht durchschnittlichen Gängen mit Brot und einem Getränk. Mehrwertsteuer und Bedienung sind im Preis inbegriffen, ein kleines Trinkgeld von etwa 5 % wird dennoch erwartet. Ganz wichtig: Man rundet den Betrag bei der Bezahlung nicht auf oder steckt das Trinkgeld zu, sondern lässt nach dem Bezahlen etwas Kleingeld auf dem zurückgebrachten Tellerchen mit dem Wechselgeld liegen.

AUSGEHEN

In den Ferienstädten ist nach dem Strandtag bis tief in die Nacht hinein für reichlich Unterhaltung gesorgt. In vielen Hotels liegen Zeitungen aus, die wie etwa die kanarische Tageszeitung »El Día« viele nützliche Veranstaltungshinweise bieten. Deutschsprachig ist das vierzehntäglich in Puerto de la Cruz erscheinende Wochenblatt, das ebenfalls auf Konzerte und Vernissagen aufmerksam macht (www.wochen blatt.es). Die Touristeninformationen erteilen Auskünfte über Fiestas, Sportveranstaltungen und kulturelle Events.

Orte für Nachtschwärmer: *Die* Partyhochburg von Teneriffa ist Playa de las Américas. In den größeren Hotels wird oft Abendunterhaltung mit Shows, Kabarett und Tanz geboten – meist mit viel Animation, damit die Gäste auch mitmachen. Außerhalb der Hotels finden Sie in Strandnähe zahlreiche Cocktailbars sowie Discos und Klubs. Ein Toplokal mit beeindruckender Dinnershow (darunter Flamenco-Aufführungen) ist das Pirámide de Arona im Hotel Mare Nostrum in Los Cristianos (Anfang 2022 noch wegen Corona geschlossen). Ebenfalls viel los ist in der Altstadt von Puerto de la Cruz, dort wird hauptsächlich durch die autofreien Gassen gebummelt und in einem der ungezählten Terrassenlokale gespeist. Sofern Sie mehr mit den Einheimischen feiern möchten: Am Wochenende spielt die Musik in der Hauptstadt Santa Cruz im Altstadtquartier gleich neben der Iglesia de Nuestra Señora de la Concepción.

Klassik und Oper: Wenn Sie hochkarätige Events miterleben wollen, sollten Sie sich informieren, was gerade in Santa Cruz läuft. So sind beim Internationalen Kanarischen Musikfestival im Januar und Februar international bekannte Solisten und renommierte Symphonieorchester zu hören (www.festival decanarias.com). Diese Klassikreihe wird in Zusammenarbeit mit den Nachbarinseln veranstaltet, Bühne auf Teneriffa ist das Auditorio in Santa Cruz (www.auditoriodetenerife. com). Dort und im Teatro Guimerá werden während des Opernfestivals von September bis Mai Werke von Mozart bis Verdi aufgeführt (www.sinfonicadetenerife.es). Auch außerhalb der Festivalzeit finden im Auditorio Konzerte, Musicals und Ballettaufführungen statt.

Sportliche Aktivitäten: In den Ferienzentren an der Küste können Sie nach Herzenslust schwimmen, schnorcheln und an Segeltörns teilnehmen. Die besten Tauchreviere bietet die Küste vor Los Gigantes; Wind- und Kitesurfer finden in El Médano eine beständig wehende Brise. Abseits vom Wasser ist Wandern das beliebteste Freizeitvergnügen auf Teneriffa. Das Wegenetz ist sehr gut ausgebaut und hält Touren für alle Ansprüche bereit. Wer will, kann bei Spezialveranstaltern eine komplette Wanderwoche buchen (www. wikinger-reisen.de, www.asi-reisen.de u.a.). Vor Ort bieten viele Wandervereine Tagestouren an, z.B. Heidis Wanderclub in Puerto de la Cruz (www.heidis-wander club.de). Geführte botanische Wanderungen können Sie bei Cristobal buchen (www.naturmitcristobal.com). In den größeren Orten gibt es auch Mountainbikes, Rennräder und E-Bikes zu mieten. Golf-

spieler haben die Wahl zwischen neun Plätzen, die meisten davon liegen an der von der Sonne begünstigten Südküste. Richtig nobel geht es im bereits 1932 eröffneten Real Club de Golf in der Nähe von La Laguna zu, landschaftlich besonders reizvoll ist der 18-Loch-Platz Buenavista Golf an der Nordwestküste. Einen Überblick über alle Parcours gibt die Internetseite www.1golf.eu.

EINKAUFEN

Teneriffa ist kein Einkaufsparadies, aber wenn Sie sich Zeit nehmen, können Sie selbst in den Ferienstädten das eine oder andere Mitbringsel finden. Vor allem das lokale Kunsthandwerk hat dank der Touristenströme einen enormen Aufschwung genommen. Die Mehrwertsteuer ist im Vergleich zu anderen europäischen Ländern – auch zum spanischen Festland – erstaunlich niedrig. Die Ersparnis, die an den Kunden weitergegeben wird, variiert von Geschäft zu Geschäft. Generell günstig sind alkoholische Getränke und Tabak. Außerdem können Sie günstig Parfüm und Kosmetik einkaufen. In den Touristenzentren gibt es fast an jeder Ecke *Centros comerciales* (Einkaufszentren), die unter einem Dach Supermärkte, Boutiquen und Restaurants beherbergen. Das Angebot beschränkt sich meist auf die Bedürfnisse der Touristen, vor allem Supermärkte bieten oft nur ein Schmalspursortiment an. Kaufhäuser, Modegeschäfte und gut sortierte Supermärkte mit viel Frischware gibt es vornehmlich in Santa Cruz, etwa im Viertel rund um die autofreie Einkaufsstraße Calle Castillo. Interessant sind Kunsthandwerksmärkte *(Feria de artesanía)*, auf denen Sie meist ansprechende Souvenirs finden. Orte und Termine wechseln von Jahr zu Jahr, Auskünfte erteilen die Touristenbüros, im Internet: www.tenerifeartesania.es.

Typisches von der Insel: Gängige Mitbringsel sind Kulinaria, etwa ein Gläschen Mojo, eine Packung Gofio oder der ausschließlich auf La Gomera hergestellte Palmsirup *(miel de palma)*. Auf den Bauernmärkten gibt es köstliches Gebäck. Weinliebhaber finden eine repräsentative Auswahl an Inselweinen in der Casa del Vino in El Sauzal. Sehr beliebt sind Handarbeiten. Wenn Sie auf Nummer sicher gehen wollen, dass diese tatsächlich aus Teneriffa stammen, sollten Sie eines der Geschäfte von Artenerife aufsuchen, die es außer in Santa Cruz und La Orotava auch in den Ferienorten Puerto de la Cruz und Playa de las Américas gibt (www.artenerife.com).

Kanarische Keramik, die teils noch nach alten Vorlagen aus der Zeit der Ureinwohner hergestellt wird, finden Sie auf Teneriffa in Arguayo bei Los Gigantes, auf La Gomera im kleinen Bergdorf El Cercado.

In vielen Souvenirläden werden junge Drachenbäumchen oder Samen von exotischen Pflanzen verkauft; diese gedeihen aber außerhalb ihres natürlichen Lebensraums kaum. Sehr viel besser ist es deshalb, einen Bund Strelitzien mit nach Hause zu nehmen, den sie, fachgerecht fürs Handgepäck verpackt, noch in der Abflughalle erstehen können.

Ladenöffnungszeiten: Generell sind die Geschäfte Mo–Fr von 9–13 und 16–20, Sa 9–14 Uhr geöffnet. Nur in den Touristenorten hat man meist durchgehend geöffnet, oft bis 22 Uhr und auch am Wochenende.

SPRACHE

Spanisch (»español«) bzw. Kastilianisch (»castellano«), um es von den anderen Sprachen in Spanien zu unterscheiden – wird auch auf den Kanaren gesprochen. Die Sprachmelodie hier auf den Inseln erinnert eher an das Spanische Lateinamerikas als an das des spanischen Festlands.

Immer zu gebrauchen

Sprechen Sie Deutsch?	**¿Habla aleman?**
Ich verstehe (Sie) nicht	**No entiendo**
Ich spreche kein Spanisch	**No hablo español**
ja/nein	**sí/no**
in Ordnung	**vale/de acuerdo**
bitte	**por favor**
(Vielen) Dank	**(Muchas) gracias**
Keine Ursache/gern	**De nada**
Hallo	**Hola**
Auf Wiedersehen	**Adiós**

Guten Morgen	**Buenos días**
Guten Tag (nach 12 Uhr)	**Buenas tardes**
Guten Abend	**Buenas noches**
Wie geht's?	**¿Qué tal?**
Verzeihung	**Perdón**
Wie viel kostet das?	**¿Cuánto vale?**
Ich würde gern … me gustaría …	**Quisiera/**

Im Notfall

Hilfe!	**¡Socorro!**
Könnten Sie mir bitte helfen?	**¿Podría ayudarme por favor?**

Nach dem Weg fragen

Flugzeug	**avión**
Flughafen	**aeropuerto**
Auto	**coche**
Boot	**barco**
Bus	**autobús/guagua**
Bushaltestelle	**parada de autobús**
Bahnhof	**estación**
Hin-/Rückfahrkarte de ida y vuelta	**billete de sólo ida/**
Ich habe mich verlaufen	**Me he perdido**
Wo ist …?	**¿Dónde está …?**
Wie komme ich …?	**¿Cómo llego …?**
zum Strand	**a la playa**
zum Telefon	**al teléfono**
zur Toilette	**a los servicios**
links/rechts	**izquierda/derecha**

Übernachten

Haben Sie ein Einzel-/Doppelzimmer?	**¿Tiene una habitación individual/doble?**
mit/ohne Bad/WC/Dusche	**con/sin baño/lavabo/ducha**
Ist das Frühstück im Preis inbegriffen?	**¿Incluye el desayuno?**
Kann ich das Zimmer sehen?	**¿Puedo ver la habitación?**
Ich nehme das Zimmer	**Cojo esta habitación**
eine Nacht	**una noche**
Schlüsselübergabe	**entrega de llaves**
Lift	**ascensor**

Wochentage

heute	**hoy**
morgen	**mañana**

gestern	ayer
später	más tarde
diese Woche	esta semana
Montag	lunes
Dienstag	martes
Mittwoch	miércoles
Donnerstag	jueves
Freitag	viernes
Samstag	sábado
Sonntag	domingo

Zahlen

0 cero

1	uno/una
2	dos
3	tres
4	cuatro
5	cinco
6	seis
7	siete
8	ocho
9	nueve
10	diez
11	once
12	doce
13	trece
14	catorce
15	quince
16	dieciséis
17	diecisiete
18	dieciocho
19	diecinueve
20	veinte
21	veintiuno
30	treinta
40	cuarenta
50	cincuenta
60	sesenta
70	setenta
80	ochenta
90	noventa
100	cien/ciento
101	ciento uno
110	ciento y diez
120	ciento y veinte
200	doscientos/ doscientas
500	quinientos/ quinientas
1000	mil
5000	cinco mil

Im Restaurant

Meerblick	vista al mar
Ich würde gern einen Tisch reservieren	Quisiera reservar una mesa
Einen Tisch für zwei Personen, bitte	Una mesa para dos, por favor
Würden Sie uns bitte die Speisekarte bringen?	¿Nos trae la carta, por favor?
Was ist das?	¿Qué es esto?
eine Flasche/Glas …	una botella/ copa de …
Die Rechnung, bitte	La cuenta, por favor
Bedienung inklusive	Servicio incluido
Kellner/Kellnerin	camarero/camarera
Mittagessen	Almuerzo
Abendessen	Cena
Speisekarte	La carta

Speisekarte

a la plancha	gegrillt
aceite	Öl
aceituna	Olive
agua	Wasser
ajo	Knoblauch
almendra	Mandel
anchoas	Sardellen
arroz	Reis
atún	Thunfisch
bacalao	Kabeljau
berenjena	Aubergine
biftec	Steak
bocadillo	Sandwich
buey	Ochsenfleisch
café	Kaffee
calamares	Tintenfisch
cangrejo	Krebs
carne	Fleisch
carta	Speisekarte
cebolla	Zwiebel
cerdo	Schweinefleisch
cerezas	Kirschen
cerveza	Bier
champiñones	Champignons
chocolate	Schokolade
chorizo	würziges Wurstchen
chuleta	Kotelett
cordero	Lamm
crudo	roh
cubierto(s)	Gedeck (Besteck)
cuchara	Löffel

cuchillo	Messer
embutidos	Würstchen
ensalada	Salat
entrada	Vorspeisen
entremeses	Vorspeisen
espárrago	Spargel
filete	Filet
flan	Karamellpudding
frambuesa	Himbeere
fresa	Erdbeere
frito	gebraten
fruta	Obst
galleta	Keks
gambas	Shrimps
gazpacho andaluz	Gazpacho (kalte Gemüsesuppe)
guisantes	Erbsen
habas	dicke Bohnen
helado	Eis
hígado	Leber
huevos fritos/ revueltos	Spiegelei/Rührei
jamón serrano	luftgetrockneter Schinken
jamón York	gekochter Schinken
judías	Bohnen
judías verdes	grüne Bohnen
jugo	Obstsaft
langosta	Hummer
leche	Milch
lechuga	Kopfsalat
legumbres	Gemüse
lenguado	Seezunge
limón	Zitrone
lomo de cerdo	Schweinelende
mantequilla	Butter
manzana	Apfel
mariscos	Meeresfrüchte
mejillones	Miesmuscheln
melocotón	Pfirsich
melón	Melone
merluza	Seehecht
mero	Zackenbarsch
miel	Honig
naranja	Orange
ostra	Auster
pan	Brot
papas arrugadas	gekochte Kartoffeln auf kanarische Art
patata	Kartoffel
patatas fritas	Pommes frites
pato	Ente
pepinillo	Essiggurke
pepino	Gurke
pera	Birne
perejil	Petersilie
pescado	Fisch
pez espada	Schwertfisch
picante	scharf
pimientos	roter/grüner Paprika
piña	Ananas
plátano	Banane
plato principal	Hauptgericht
pollo	Huhn
postre	Nachspeise
pulpo	Tintenfisch
queso	Käse
rape	Seeteufel
relleno	gefüllt
riñones	Nieren
salchicha	Würstchen
salchichón	Hartwurst
salmón	Lachs
salmonete	Meerbarbe
salsa	Soße
seco	trocken
solomillo de ternera	Rinderfilet
sopa	Suppe
te	Tee
tenedor	Gabel
ternera	Kalbfleisch
tocino	Speck
tortilla española	Omelett mit Kartoffeln
tortilla francesa	Omelett natur
trucha	Forelle
uva	Traube
verduras	grünes Gemüse
vino blanco/rosado/ tinto	Weiß-/Rosé-/ Rotwein
zanahorias	Karotten
zumo	Saft

Reiseatlas

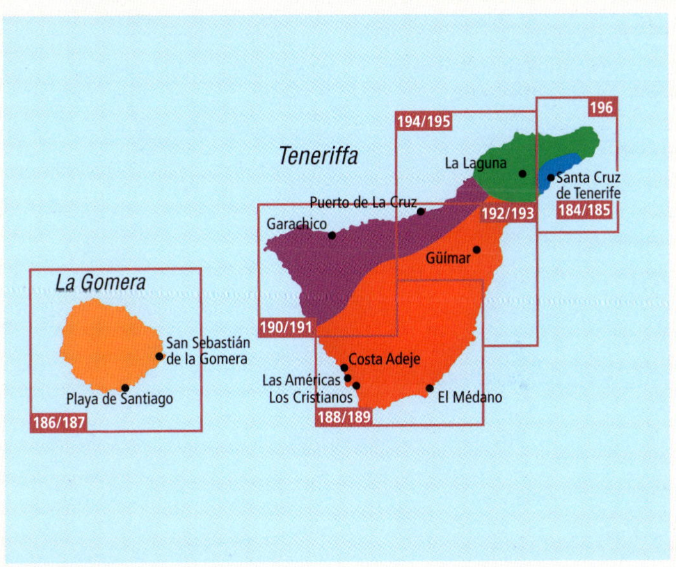

Legende

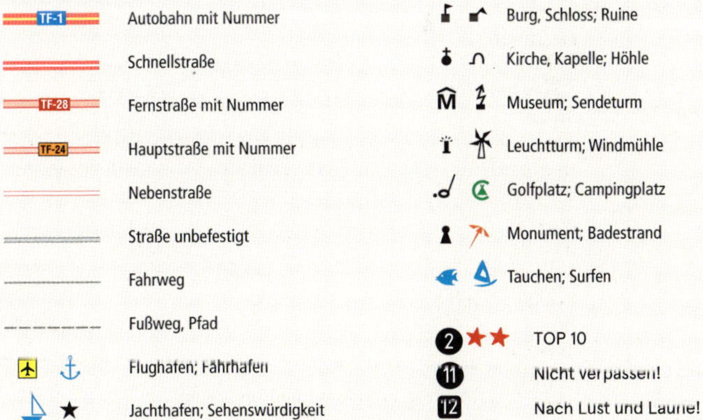

1 : 180 000

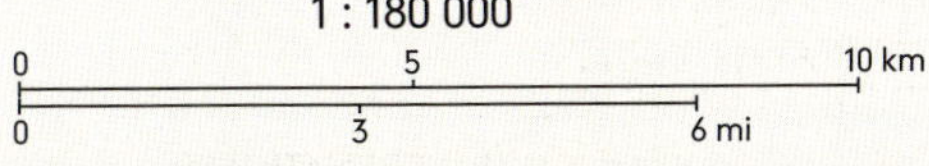

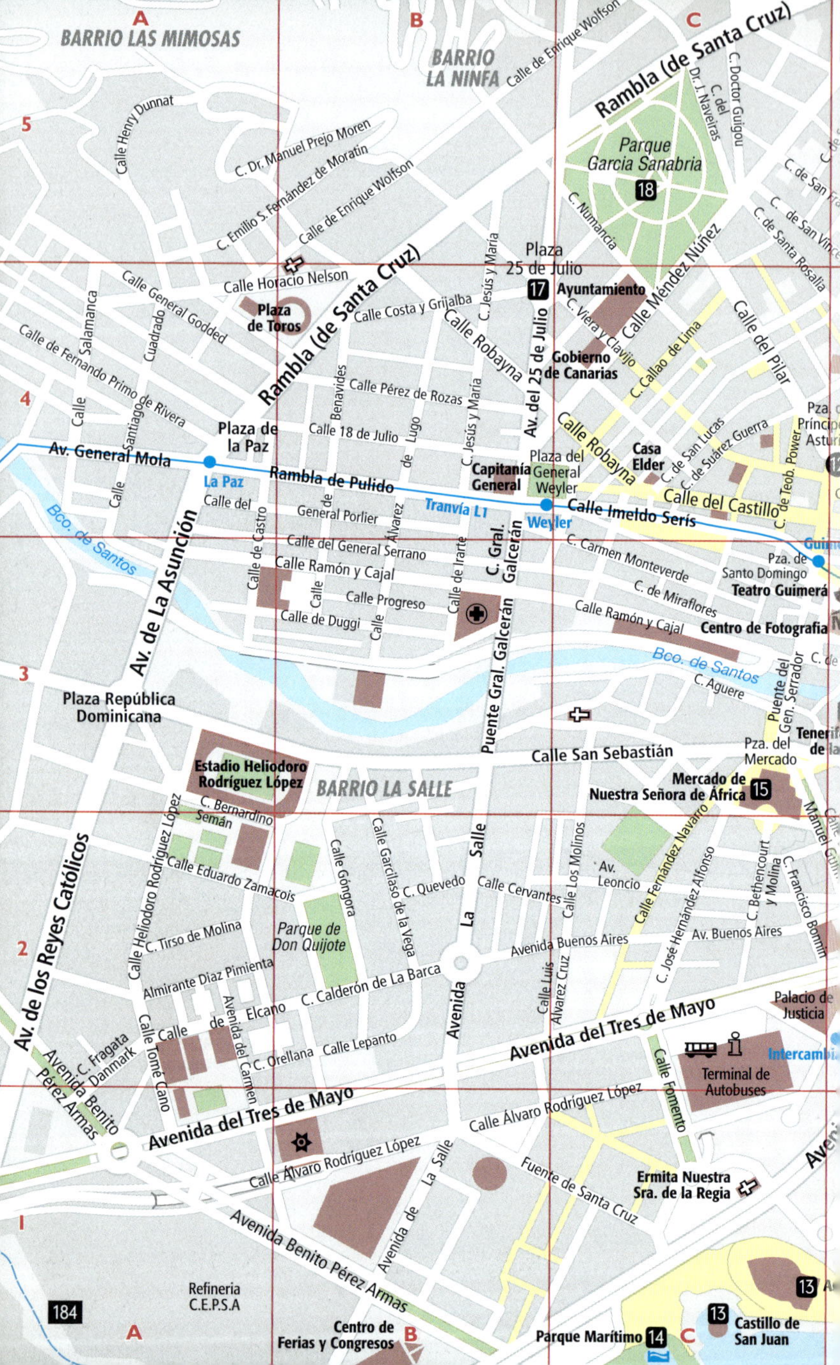

BARRIO LAS MIMOSAS
BARRIO LA NINFA
Rambla (de Santa Cruz)
Calle de Enrique Wolfson
C. del Dr.J. Naveiras
C. Doctor Guigou
Parque García Sanabria
18
C. de San Fran
C. de San Vicent
C. de Santa Rosalia
Calle Henry Dunnat
C. Dr. Manuel Prejo Moren
C. Emilio S. Fernández de Moratin
Calle de Enrique Wolfson
Calle General Godded
Calle Horacio Nelson
Plaza de Toros
Rambla (de Santa Cruz)
Calle Costa y Grijalba
Calle Robayna
C. Jesús y María
Plaza 25 de Julio
17
Ayuntamiento
Calle Méndez Núñez
C. Viera y Clavijo
C. de Numancia
Salamanca
Calle de Fernando Primo de Rivera
Cuadrado
Santiago
Benavides
Calle Pérez de Rozas
de Lugo
C. Jesús y María
Av. del 25 de Julio
Gobierno de Canarias
C. Callao de Lima
Calle del Pilar
Calle
Calle 18 de Julio
Plaza de la Paz
Av. del 25 de Julio
Calle Robayna
Casa Elder
Pza. de Príncipe Asturia
Av. General Mola
La Paz
Rambla de Pulido
Tranvía L1
Weyler
Capitanía General
Plaza del General Weyler
Calle Imeldo Serís
Calle del Castillo
C. de San Lucas
C. de Suárez Guerra
C. de Teob. Power
12
Calle del del Castro
Calle Álvarez
General Porlier
C. de La Asunción
Bco. de Santos
Calle del General Serrano
Calle Ramón y Cajal
Calle Progreso
Calle de Duggi
Calle
C. Gral. Galcerán
Calle de Irarte
Puente Gral. Galcerán
C. Carmen Monteverde
C. de Miraflores
Calle Ramón y Cajal
Pza. de Santo Domingo
Teatro Guimerá
Centro de Fotografía
Guime
Bco. de Santos
C. Aguere
Puente del Gen. Serrador
C. de
Plaza República Dominicana
Estadio Heliodoro Rodríguez López
C. Bernardino Semán
BARRIO LA SALLE
Calle San Sebastián
Pza. del Mercado
Mercado de Nuestra Señora de África
15
Tenerif de la
Av. de los Reyes Católicos
Calle Heliodoro Rodríguez López
Calle Eduardo Zamacois
C. Tirso de Molina
Parque de Don Quijote
Calle Góngora
Calle Garcilaso de la Vega
C. Quevedo
Calle Cervantes
La Salle
Calle Los Molinos
Av. Leoncio
Calle Fernández Navarro
C. José Hernández Alfonso
Manuel Guim
C. Bethencourt y Molina
C. Francisco Bonnín
Almirante Díaz Pimienta
Avenida del Carmen
de Elcano
C. Calderón de La Barca
Avenida
Avenida Buenos Aires
Calle Luis Álvarez Cruz
Av. Buenos Aires
Palacio de Justicia
Av. de los Reyes Católicos
C. Fragata
Calle Danmark
Calle Tomé Cano
Calle
C. Orellana
Calle Lepanto
Avenida
Avenida del Tres de Mayo
Terminal de Autobuses
Intercambi
Avenida Benito Pérez Armas
Avenida del Tres de Mayo
Calle Álvaro Rodríguez López
Calle Álvaro Rodríguez López
Avenida de La Salle
Fuente de Santa Cruz
Calle Fomento
Ermita Nuestra Sra. de la Regia
Aven
Refineria C.E.P.S.A.
Avenida Benito Pérez Armas
Centro de Ferias y Congresos
Parque Marítimo
14
13
Castillo de San Juan
13
A
184

D
E
F
19 Museo Militar
EL TOSCAL
5
Puerto
C. de San Miguel
C. de San Martín
Santiago
C. de
Calle de la Rosa
C. Francisco Javier
Vincente Ferrer
Avenida de Anaga
C. de San Juan Bautista
C. San Francisco
Avenida Cuba Marina
Estación Marítima
Pza. del Patriotismo
C. de E. Calzadilla
4
Muelle Sur
...a del ...cipe de ...turias
C. Ruiz de Padrón
M
Iglesia de San Francisco
12
C. de
Villalba Hervás
P
C. de Bethencourt Alfonso
Casino
Plaza de España
10
Pza. de la Candelaria
Monumento a los Caídos
...imerá
10
C. del Doctor Allart
C. del General Gutierrez
Palacio Insular
Calle Imeldo Serís
M
Pza. de la Madera
C. de Candelaria
Pza. de la Iglesia
...de Domínguez Alfonso
Dársena Sur
3
11
Fundación
16
Iglesia Nuestra Señora de la Concepción
...rife Espacio ...e las Artes
Av. de Bravo Murillo
Av. Marítima
Calle de San...
...el Guimerá
Tranvía L1
Oceano Atlántico
Dársena de Los Llanos
2
Avenida de la Constitución
Vía de Servicio Muelle de Enlace
...de
...biador
400 m
400 yd
1
Auditorio
Santa Cruz de Tenerife
185
D
E
F

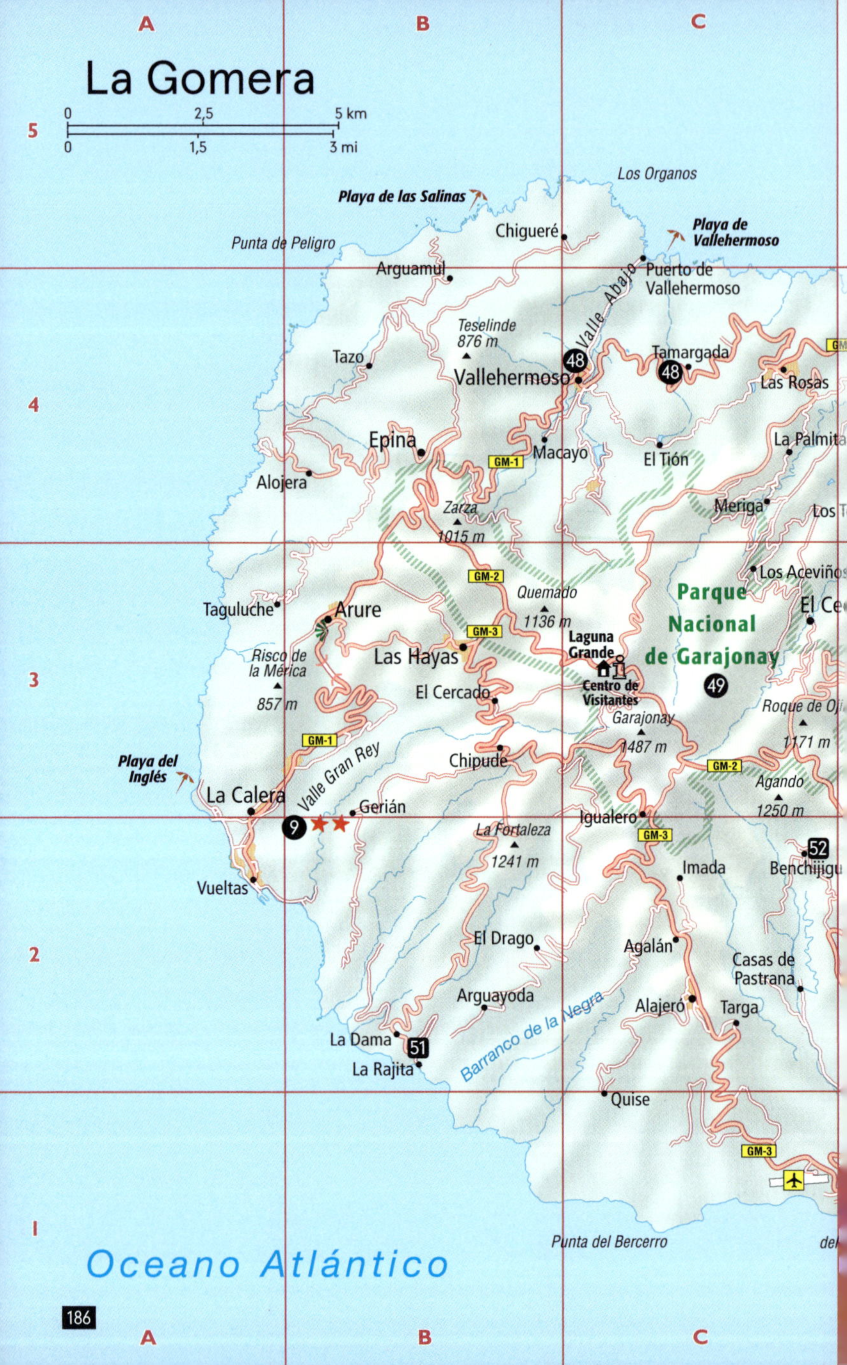

La Gomera
0   2,5   5 km
0   1,5   3 mi
Los Organos
Playa de las Salinas
Punta de Peligro
Chigueré
Playa de Vallehermoso
Arguamul
Puerto de Vallehermoso
Teselinde 876 m
Valle Abajo
48
Tamargada
48
Vallehermoso
Las Rosas
GM
Tazo
Epina
GM-1
Macayo
El Tión
La Palmita
Alojera
Zarza 1015 m
Meriga
Los T
Los Aceviños
Taguluche
GM-2
Quemado 1136 m
Parque Nacional de Garajonay
El Ce
Arure
GM-3
Laguna Grande
Risco de la Mérica
Las Hayas
Centro de Visitantes
49
857 m
El Cercado
Garajonay 1487 m
Roque de Oji 1171 m
GM-1
Valle Gran Rey
Chipude
GM-2
Playa del Inglés
Agando 1250 m
La Calera
Gerián
Igualero
GM-3
52
9
La Fortaleza 1241 m
Imada
Benchijigu
Vueltas
Agalán
Casas de Pastrana
El Drago
Alajeró
Targa
Arguayoda
Barranco de la Negra
La Dama
51
Quise
La Rajita
GM-3
Punta del Bercerro
del
Oceano Atlántico
186

D
E
F
5
4
3
2
1
Playa de San Marcos
GM-1
48 Agulo
Playa de Hermigua
Playa de la Caleta
48 Hermigua
Tagaluche
os Telares
as
mita
viños
Cedro
Punta Gaviota
Parque Natural de Majona
50
Enchereda
Barranco del Juel
Punta Llana
GM-1
e Ojila
m
Chejelipes
Lomito Fragoso
La Laja
Punta de Avalo
El Molinito
2
igua
Degollada de Peraza
GM-2
GM-3
47 San Sebastián de la Gomera
Barranco Chinguarime
Playa de la Guancha
El Cabrito
Roque del Herrero
Playa de Santiago
53
Playa de Santiago
Punta del Espino
D
E
F

Arguayo
33
TF-375
TF-82
191
1764 m
1805 m
Mña. de Abeque
1745 m
Cuevas Negras
Pico del Teide
Cueva del Hielo
Refugio Altavista (3260 m)
Pico Viejo 3718 m
2994 m 3135 m
2909 m
Las Narices del Teide
Mirador Tabonal
Chío
TF-1
TF-38
Chiguergue
Parque Nacional del Teide
Mirador de Chio
Mña. del Cedro 2265
Las
Puerto de las Cañadas
2300
Parador
TF-38
TF-82
Chirche
Aripe
Guía de Isora
Iglesia de la Virgen de la Luz
Charquetas
TF-463
Bco. de Guía
El Jaral
Acojeja
Tejina
1049 m
Las Fuentes
Boca de Tauce
Mirador Boca de Tauce
Los Roques de García
Llano de Ucana
TF-21
2050 m
Mña. Gangarro 2195
El Sombrero 2534 m
Zapato de la Reina
2483
Mña. de Chasna
TF-47
TF-46
TF-1
87
TF-465
Vera de Erques
Los Almacigos
Tijoco de Arriba
Mña. Tresme 1663 m
Mña. Las Lajas 2148 m
TF-21
Juan
Juan
ama
Abama
de la Tixera
Callao Gordo
Lagial
Ricasa
Chasogo
Tijoco de Abajo
TF-465
Hoya Grande
La Concepción
TF-585
Ermita de San Roque
Vilaflor
40
Casa Galir
Playa de Erques
Punta del Cangrejo
Marazul
Puerto de los Mozos
TF-47
TF-82
Autopista del Sur
TF-583
Taucho
Ifonche
Mña. de los Listones 1405 m
Trevejos
Pozo 1295 m
TF-51
TF-563
190
Callao Salvaje
El Roque
Playa Paraíso
Armeñime
TF-47
81
Iglesia de Santa Úrsula
Bco. del Infierno
Barranco del Infierno
Roque de los Brezos 1111 m
Suarez
Escalona
Jama
Valle de San Lorenzo
Urbanisation Marqués
Punta Negra
El Becerro
El Pris
El Puertito
TF-1
Adeje
79
Adeje
Roque Imoque
Roque del Conde 1001 m
Honduras
TF-51
Casa Alta
TF-565
El Roque
Punta de las Gaviotas
78
Fañabé
Costa Adeje
La Caleta, Fañabé
Karting Las Américas
Vento
Arona
Túnez
Casas de la Fuente
Tamaide
La Caleta
Ermita de San Sebastián
San Eugenio Alto
Torviscas
Costa Adeje, Torviscas
Valle de San Lorenzo
Roque de Jama
La Hoya
Playa del Duque
Bahía del Duque
Bahía del Duque
76
Fañabé
Jungle Park
Sabinita
Camel Park
Mirador de la Centin
Playa de Fañabé
Puerto Colón
Playa del Bobo
75
San Eugenio
TF-486
Aqualand Costa Adeje
Chayofa
Buzanada
TF-66
TF-657
TF-657
36
Costa Adeje
S. Eugenio
7
39
Siam Park
Las Águilas
TF-28
Cabo Blanco
Aldea Blanca
Playas de Troya
73
Playa de las Américas
Aloe Park
36
Las Américas
72
Arona
Los Cristianos
TF-655
Guaza 430 m
69
TF-1
66
San Miguel, Los
Lás
Los Morritos
Punta del Camisón
Playa del Camisón
Playa de Las Vistas
Los Cristianos
Valle San Lorenzo, Guaza, Los Cristianos
Guaza
Parque de la Reina
Chafiras
TF-652
Playa de los Cristianos
36
Charco del Lino
Cañada Blanca
El Guincho
Santa Cruz de La Palma (La Palma)
La Arenita
TF-653
San Sebastian (Gomera)
Valverde (Hierro)
Palm-Mar
Alborada
TF-652
Malpasito 119 m
188
Rasca 153 m
El Fraile
TF-66
Las Galletas
Alborada
42
Costa del
Faro de la Rasca
Punta de la Rasca
Piedra Mena
Punta Negra
Punta Salema
Playa de la Ballena
Costa del

Huevos del Teide
TF-21
Cueva de Diego Hernandez
2363 m
Volcán de Fasnia
2176 m
El Bailadero
El Pelao
Lomo de Mena
Mña. Blanca
2750 m
Mña. Rajada
2507 m
192
Mña. Negra o del Volcán
2256 m
Guaco
Archifira
Cueva del Barranco de Herques
Mirador de San José
2360 m
Colmenas
2308 m
Mirador de bonal Negro
Casa Guartel de la Guardia Civil
Cañadas
La Fuente Nueva
Era de la Cabezada
Aguerche
Cano
El
5
2300 m
Parque
Cueva de la Negra
Centro de Servicios del Parque
2502
Jumosa
Natural
La Zarza
Fasnia
TF-532
TF-620
Parador Nacional de las Cañadas
2576
Corona
La Florida
Sabina Alta
Ermita de las Nieves
Control de acceso
Forestal
Madre del Agua
Sombrera
Los Azulejos
Guajara
2717
Lomo Oliva
Carretera del Sur
Cambio de Sentido
Refugio Montañero
La Hoya de Marrero
Icor
34
TF-622
Las Eras
La Madre del Agua
Paisaje Lunar
La Magdalena
Arico Viejo
Mña Magua
154
35
Las E s
Pla
Pla
Los Llanitos
Degollada
45
Arico
TF-625
El Arrecife
Pl
Casa Galinda
Las Calderas
1371 m
La Sabinita
Los Gavitanes
La Cancela
Arico
Poris de Abona
44
Play
Coloradas
1414 m
El Pinalete
Fuente Vueva
696
Villa de Arico
La Cispera
Arico el Nuevo
Casas del Viso
TF-627
Puerto
Playa G
Mña. Tilela
972 m
Las Canales Altas
La Higuera
Las Vegas
El Frontón
Lomo de Arico
El Viento
Reverón
Mña. Centinela
265 m
TF-629
Casas San Juán
42
Abades
Casa Punta
Fronton del San Miguel
Chiñama
Cruz de Tea
TF-28
Las Rosas
Los Barranquillos
El Río
TF-28
Abades
Playa
Playa del C
Granadilla de Abona
Vicacaro
TF-636
Chimiche
P.I.R.S. Tajao
TF-631
Salto del Roque
Ensenada de Aba
Punta de los Jureles
TF-21
41
TF-638
Autopista del Sur
TF-1
La Jaca
Ensenada Piedra de la Sal
El Draguito
Velazquez
46
Punta Los Gomeros
Punta del Sordo
193
Charco del Pino
Las Palomeras
El Salto
Bco. del Río
San Miguel de Tajao
TF-28
San Miguel
TF-647
Mña. Gorda
646 m
Capellania
49
Cueva Honda
Chimiche El Río
Playa de Canyado Hondo
Playa del Rio
TF-64
51
TF-636
Castro
San Isidro
Parque Eólico
Polígono Industrial de Granadilla
52
Casas de las Montañas
Playa los Tarajales
Playa del Tambor
2
Las Zocas
entinela
Chimbesque
424 m
Los Molinos
Atogo
TF-645
Casablanca
57
Parque Eólico
Playa de Medio
Punta del Camello
Punta del Tanque del Vidrio
TF-65
Aeropuerto Reina Sofía
55
Granadilla El Médano San Isidro
El Guirre
Playa de la Rajita
Punta de la Pelada
TF-1
59
Cueva del Hermano Pedro
TF-64
El Topo
Ensenada de la Pelada
Punta de los Mejillones
s Abrigos
s Galletas
62
Autopista del Sur
43
TF-65
TF-645
Caserío de la Maquina
Aeropuerto Reina Sofía Tenerife Sur
Punta del Médano
El Médano
Oceano
TF-65
Golf del Sur
La Tejita
171 m
Playa de Médano
Punta del Bocinegro
Atlántico
TF-643
Los Abrigos
Punta Roja
Amarillo Golf
Playa de San Blas
Playa de Cha Silberia
Playa de la Tejita
Playa Colmenares
M. Amarilla
El Silencio
189
D
E
F

A B C
5
Punta de la Laja
Playa Leri
Punta del Casado
Punta del Puertito
Playa del Puertito
Playa de Agua Dulce
Playa Gomeros
Playa de la Caleta
Garachico
26
Punta de la Parejíla
Buenavista del Norte
34
San José
La Caleta
Castillo de San Miguel
Santa
Playa de las Arenas
Punta Morro del Diablo
San Bernardo
TF-445
TF-12
El Pozo
San Pedro de Daute
TF-421
Mi Ga
Mirador de Don Pompeyo
La Cuesta
Los Silos
El Tanque
TF-82
San Juan del Repar
Punta de la Gaviota
Macizo
Mña. de Talavera 746 m
TF-436
Tierra del Trigo
Punta del Ancón
Las Casas
de
El Palmar
Las Cuevas Negras
Ruigómez
La
TF
4
Caleta de Bastián
Faro de Teno
35
Punta de Teno
Punta Diente de Ajo
Teno Alto
Portela Baja
Erjos
TF-82
Ermita de San José
TF-373
Las Hiedra
Teno
Las Portelas
Puerto de Erjos
Erjos del Tanque
San José de los Llanos
La Laya
Casa Taburco
Mirador de Baracán
Los Partidos de Franquis
Chinyer
Punta de la Hábiga
Los Carrizales
TF-436
Grande Gala 1347 m
El
Playa Carrizal
La Vica
Masca
Degollada de Cherfe
Valle de Arriba
4
Pico de Yeje 915 m
Bco. de Masca
Santiago del Teide
Mña. del Estrecho 1521 m
Playa de Juán López
Mña. Bilma 1372
Playa de la Galera
Punta de la Galera
Finca de Guergües
Roque Blanco 942 m
Las Manchas
Playa de Masca
•1131 m
3
Punta de los Machos
Playa de Barranco Seco
Punta de Barranco Seco
Tamaimo
33
Arguayo
TF-82
TF-375
La Canalita
Acantilado de los Gigantes
27
TF-454
Playa Los Guios
La Punta
TF-1
Chío
Los Gigantes
Playa de Santiago
Puerto de Santiago
TF-38
Playa de la Arena
Chiguergue
Punta de Barbero
El Costado
TF-82
2
Oceano
Callao Chico
Arip
Atlántico
Punta Blanca
Guía de Isora
Iglesia de la V de la Luz
Punta de Alcalá
TF-463
Charquetas
Ac
200 m
50 m
Alcalá
Playa de la Barrera
TF-47
Bco. de Guía
Tejina
Playa Rosalia
TF-46
TF-1
San Juan
Playa de San Juan
Playa de Abama
Abama
Punta de la Tixera
Chasogo
87
I
Callao Gordo
Ricasa
TF-465
Tijoco de Abajo
Lagial
Ho Gr
190
Playa de Erques
188
Punta del Cangrejo
Autopista del Sur
TF-47
TF-82
Marazul
Puerto de los
A B C

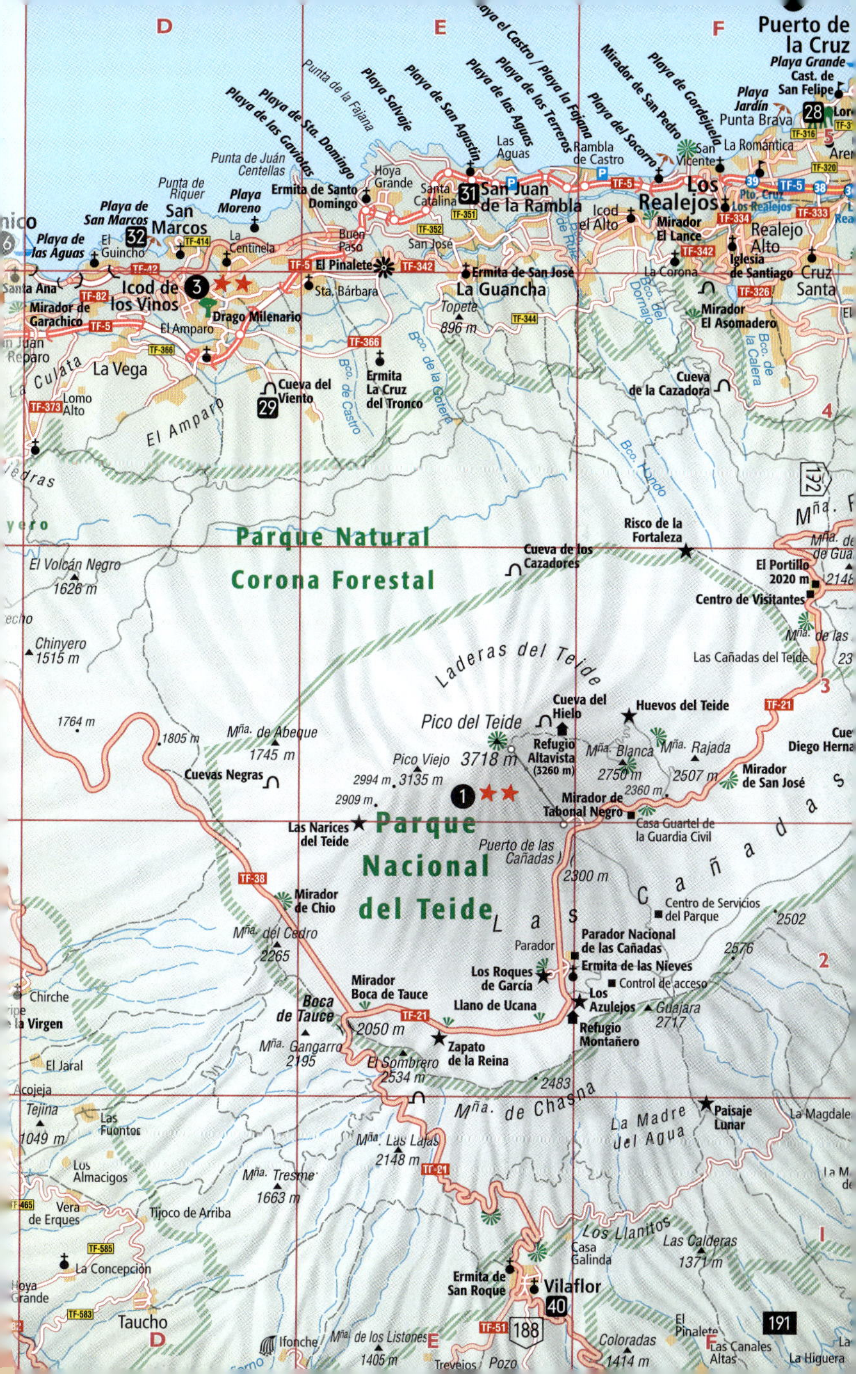

D
E
F
Puerto de la Cruz
Playa el Castro / Playa la Arena
Mirador de San Pedro
Playa de Gordejuela
Playa Grande
Cast. de San Felipe
Playa Jardín
Punta Brava
La Romántica
28
Lore
TF-3
Aren
San Vicente
TF-320
Playa de San Pedro
Playa del Socorro
Rambla de Castro
Las Aguas
Los Realejos
39
TF-5
38
Pto. Cruz
Los Realejos
TF-334
Playa de la Fajana
Punta de la Fajana
Playa de los Terreros
Playa la Fajana
San Juan de la Rambla
Icod el Alto
Realejo Alto
TF-333
Playa Salvaje
Playa de San Agustín
Playa de las Aguas
31
TF-352
Mirador El Lance
Iglesia de Santiago
Cruz Santa
Punta de la Fajana
Hoya Grande
Santa Catalina
TF-351
San José
TF-342
TF-342
La Corona
TF-326
Playa de Sta. Domingo
Playa de las Gaviotas
Ermita de Santo Domingo
Buen Paso
El Alto
Ermita de San José
Mirador El Asomadero
Punta de Juán Centellas
Playa Moreno
San Marcos
La Centinela
TF-5
El Pinalete
TF-342
La Guancha
Cueva de la Cazadora
Punta de Riquer
Playa de San Marcos
32
TF-414
Sta. Bárbara
Topete 896 m
TF-344
El Guincho
Icod de los Vinos
3
Drago Milenario
Bco. de la Calera
Playa de las Aguas
TF-82
TF-42
Mirador de Garachico
TF-5
El Amparo
TF-366
Ermita La Cruz del Tronco
Cueva de la Cazadora
Santa Ana
Cueva del Viento
29
La Vega
Bco. de Castro
Ermita La Cruz del Tronco
Bco. de la Gotera
Bco. del Dornajo
n Juan Reparo
La Culata
TF-373
Lomo Alto
El Amparo
Bco. de Tundo
172
Mña. F
iedras
yero
echo
Parque Natural
Corona Forestal
Risco de la Fortaleza
Mña. de de Gua
Mña. de 2148
El Volcán Negro 1626 m
Cueva de los Cazadores
El Portillo 2020 m
Centro de Visitantes
Chinyero 1515 m
Laderas del Teide
Mña. de las
Las Cañadas del Teide
23
1764 m
1805 m
Mña. de Abeque 1745 m
Pico del Teide
Cueva del Hielo
Huevos del Teide
TF-21
3
Cuevas Negras
Pico Viejo 3718 m
Refugio Altavista (3260 m)
Cue Diego Herna
2994 m 3135 m
Mña. Blanca 2750 m
Mña. Rajada 2507 m
Mirador de San José
2909 m
1
Mirador de Tabonal Negro
2360 m
Las Narices del Teide
Parque Nacional del Teide
Casa Guartel de la Guardia Civil
Cañadas
TF-38
Puerto de las Cañadas
2300 m
Las
Centro de Servicios del Parque
2502
Mirador de Chio
2576
Mña. del Cedro 2265
Parador
Parador Nacional de las Cañadas
Ermita de las Nieves
Chirche
ipe
la Virgen
Mirador Boca de Tauce
Los Roques de García
Control de acceso
Boca de Tauce
2050 m
TF-21
Llano de Ucana
Los Azulejos
Guajara 2717
Mña. Gangarro 2195
El Jaral
El Sombrero 2534 m
Zapato de la Reina
Refugio Montañero
Acojeja
2483
Tejina 1049 m
Las Fuentes
Mña. de Chasna
La Madre del Agua
Paisaje Lunar
La Magdale
Los Almacigos
Mña. Las Lajas 2148
TF-21
Vera de Erques
Mña. Tresme 1663 m
Los Llanitos
Las Calderas 1371 m
La M
TF-465
Tijoco de Arriba
Casa Galinda
La Concepción
TF-585
Ifonche
Mña. de los Listones 1405 m
Ermita de San Roque
Vilaflor
40
El Pinalete
Las Canales Altas
Hoya Grande
82
TF-583
Taucho
D
Mña. de los Listones 1405 m
Trevejos
Pozo
E
TF-51
188
Coloradas 1414 m
191
F
La Higuera

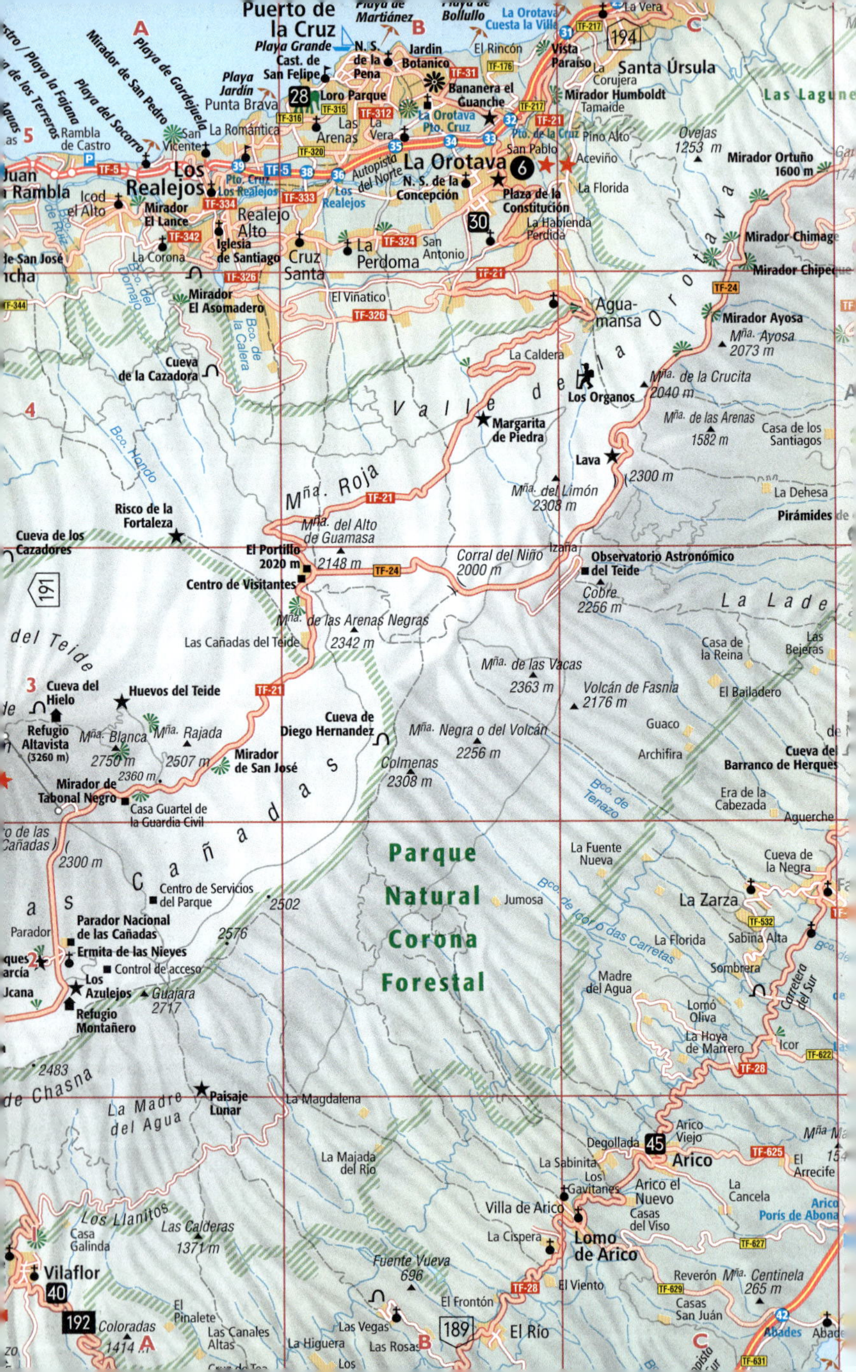

Puerto de la Cruz
Playa de Martiánez
Playa de Bollullo
La Orotava Cuesta la Villa
La Vera
194
C
Las Lagune
A
B
Mirador de San Pedro
Playa de Gordejuela
Playa Grande
Cast. de San Felipe
N. S. de la Pena
Jardin Botanico
El Rincón
Vista Paraiso
Santa Úrsula
TF-217
TF-31
TF-176
La Corujera
Playa Jardín
Loro Parque
Bananera el Guanche
La Orotava Pto. Cruz
Mirador Humboldt
Tamaide
Punta Brava
La Romántica
Las Arenas
La Vera
TF-315
TF-316
TF-312
32
TF-21
Ovejas 1253 m
Mirador Ortuño 1600 m
Playa del Socorro
San Vicente
TF-320
35
34
33
Pino Alto
Gat 174
Rambla de Castro
P
TF-5
39
TF 5
38
36
Autopista del Norte
La Orotava
San Pablo
Aceviño
La Florida
5
Los Realejos
Pto. Cruz Los Realejos
6
Juan Rambla
Icod el Alto
Mirador El Lance
TF-334
TF-333
N. S. de la Concepción
Plaza de la Constitución
Mirador Chimage
de San José
TF-342
Realejo Alto
Los Realejos
30
La Habienda Perdida
Mirador Chipeque
icha
La Corona
Iglesia de Santiago
Cruz Santa
TF-324
San Antonio
La Perdoma
TF-21
de la Orotava
TF-326
TF-344
Mirador El Asomadero
El Viñatico
TF-326
Agua-mansa
TF-24
Mirador Ayosa
TF
Mña. Ayosa 2073 m
Cueva de la Cazadora
La Caldera
Mña. de la Crucita 2040 m
Valle de la Orotava
Los Organos
Mña. de las Arenas 1582 m
Casa de los Santiagos
4
Mña. Roja
Margarita de Piedra
Lava
2300 m
La Dehesa
Risco de la Fortaleza
TF-21
Mña. del Alto de Guamasa
Mña. del Limón 2308 m
Pirámides
Cueva de los Cazadores
El Portillo 2020 m
2148 m
TF-24
Corral del Niño 2000 m
Izaña
Observatorio Astronómico del Teide
191
Centro de Visitantes
Cobre 2256 m
La Lade
del Teide
Mña. de las Arenas Negras 2342 m
Las Cañadas del Teide
Mña. de las Vacas 2363 m
Casa de la Reina
Las Bejeras
3
Cueva del Hielo
Huevos del Teide
TF-21
Cueva de Diego Hernandez
Volcán de Fasnia 2176 m
El Bailadero
de
Refugio Altavista (3260 m)
Mña. Blanca 2750 m
Mña. Rajada 2507 m
Mirador de San José
Mña. Negra o del Volcán 2256 m
Guaco
Archifira
Cueva del Barranco de Herques
Mirador de Tabonal Negro
2360 m
Colmenas 2308 m
Era de la Cabezada
Aguerche
Casa Guartel de la Guardia Civil
de las Cañadas
2300 m
Parque Natural Corona Forestal
La Fuente Nueva
Cueva de la Negra
Cueva de la Negra
Centro de Servicios del Parque
2502
Jumosa
La Zarza
TF-532
Parador Nacional de las Cañadas
2576
La Florida
Sabina Alta
ques García
Ermita de las Nieves
Sombrera
Carretera del Sur
Jcana
Control de acceso
Madre del Agua
2
Parador
Los Azulejos
Guajara 2717
Lomo Oliva
Icor
Refugio Montañero
La Hoya de Marrero
TF-622
TF-28
2483
Paisaje Lunar
La Magdalena
de Chasna
La Madre del Agua
La Majada del Río
Degollada
45
Mña. 154
Arico Viejo
Arico
TF-625
El Arrecife
La Sabinita
Los Gavitanes
Arico el Nuevo
La Cancela
Los Llanitos
Las Calderas 1371 m
Villa de Arico
Casas del Viso
Arico Porís de Abona
Casa Galinda
La Cispera
Lomo de Arico
TF-627
Vilaflor
40
Fuente Vueva 696
El Viento
Reverón Mña. Centinela 265 m
192
Coloradas 1414 m
El Pinalete
Las Canales Altas
La Higuera
Las Vegas
Las Rosas
189
El Río
El Frontón
TF-28
TF-629
Casas San Juan
42
Abades
A
B
C

Mña Cabeza de Toro
1500 m
Las Raíces
1120 m
El Tablero
194
TF-274
Machado
TF-256
El Pilar
TF-28
TF-1
Santa María del Mar
Azabe
Playa del Muert
Punta de la Encedida
Santa María del Mar
Playa Berruguete
196
unetas
TF-24
21
Bosque de la Esperanza
Lomo Chupadero
Bco. Hondo
582 m
Nuestra Señora
del Rosario
La Suerte
del Espino
San Isidro
Radazul
Tabaida
El Chorrillo
El Tablero
50 m
200 m
Gaitero
1747 m
BARRANCO
HONDO
Bco. de Araca
Tabaiba
Urban. Radazul
Playa de la Nea
Autopista
del Sur
TF-28
Barranco
Hondo
Punta de
Guadamojete
Igueste
Punta del Morro
Guaya
Las Caletillas
Las Caletillas
Playa de las Caletas
5
Canal de Araya
Araya
TF-1
Las Arenitas
Club Nautico
El Charcito
Punta Larga
Playa de las Arenas
TF-523
Los
Loros
Las
Cuevecitas
Candelaria
TF-247
Carretera del Sur
Basílica de la Virgen
Candelaria
38
Playa de Samanrines
Playa de la Viuda
4
Arafo
Malpaís
TF-245
TF-28
Lomo del
Caballo
TF-283
Poligono Industrial
Chogo
Topo
Negro
La Hidalga
El Socorro
Playa de la Entrada
TF-525
Icoro
Chacaica
TF-28
Medio
Camino
TF-281
La Hidalga
Arafo
Las
Cañadas
20
Playa de Lima
Punta de la Entrada
de Güímar
Güímar
37
La Planta
Volcan de Güímar
276 m
Malpais
Salamanca
TF-612
Punta de la Cruz
El Riego
Puerto de Güímar
22
3
ra
Las
Rosas
TF-61
Las Guirres
Anocheza
46
Alta Vista
Morra de
los Bosios
Mirador de
Don Martin
Pájara
Puerto de Güímar
Hoya del Pozo
El Pelao
La Medida
Playa de Arriba o las Bajas
Lomo
e Mena
La Tosea
Punta Gache
TF-28
Punta Prieta
La Caleta
26
Playa de la Caleta
La Caleta
El Escobonal
Autopista del Sur
Playa Barranco Arriba
La Corujera
Cano
TF-617
TF-1
Playa de la Margallera
Bco. de Herques
El Escobonal
El Tablado
Playa de Chimaje
Punta del Porís
El Tablado
30
Fasnia
TF-620
Playa de Toquerque
Punta del Abrigo
Fasnia
Los Roques
de San Joaquín
32
Oceano
2
Cambio
e Sentido
Los Roques
Playa del Abrigo
P 34
Atlántico
Punta la Canal
as Eras
35
Punta de Honduras
Las Eras
Playa Honda
Cuevas de las Ricas
Playa las Carretas
agua
Playa de las Ceras
Punta del Rineón
Playa de la Caleta
44
Punta la Ternera
39
Porís de Abona
1
P
Puerto de Abona
Playa Grande
Punta de los Requetés
Faro de Abona
Casas El Faro
189
Punta de Cueva Negra
193
Playa de los Abrigos
D
E
F

A
B
C
5
4
3

Oceano
Atlántico

Punta de
Baja de S.
Boronal
Punta de la Barranquera
La Barranquera
Baja Izquierda
Valle de G
TF-163
200 m
Caleta de Juan Fernández
Punta del Viento
El Pris
50 m
Baja de la Media Luna
TF-16
Mesa del Mar
Baja Negra
Punta de la Mesa
Playa del Camello
Guayonje
TF-165
Bahía de
la Garañona
Tacoronte
Santa Catalina
El Sauzal
Guia
Callao de los Parrales
23
Punta del Puertito
Ermita de San Simón
TF-152
19
Punta Pesquero Alto
21 El Sauzal
TF-228
Ermita de San Jose
TF-172
Agua
Garcia
Las
Caleta Salvaje
La
Alta
Matanza
23
El Caletón
La
Montañeta
Punta del Sol
Ravelo
Caleta de la Negra
Madre
del Agua
Punta de
Callao
Ermita de
La Matanza
Barranco Hondo
Blanco
La
San Diego
de Acentejo
La Quinta
Victoria
La Breña
27
Baja de los Lirios
Sta.
Guja
San
Cueva
Úrsula
TF-217
Antonio
Labrada
Sta. Úrsula
TF-5
28
TF-213
La Quinta
29
La Vera
La Victoria
La Orotava
de Acentejo
Playa de
Playa de
31
TF-217
Cuesta la Villa
Mña Cabeza de Toro
Martiánez
Bollullo
1500 m
Puerto de
191
la Cruz
El Rincón
Vista
Playa Grande
N. S.
Paraíso
La
Cast. de
de la
Jardin
TF-176
Corujera
Santa Úrsula
San Felipe
Pena
Botanico
TF-31
Las Lagunetas
Playa
Loro Parque
Bananera el
Mirador Humboldt
Jardin
Guanche
Tamaide
TF-24
21
Punta Brava
28
TF-312
TF-217
TF-21
La Vera
La Orotava
La Romántica
TF-315
Pto.
Ovejas
Cruz
32
Pto. de la Cruz
1253 m
Gaitero
2 San
TF-316
Las
33
San Pablo
1747 m
Vicente
Arenas
35
34
Mirador Ortuño
Pino Alto
1600 m
Los
39
TF-5
38
36
Aceviño
ealejos
Autopista
La Orotava
6
Mirador
del Norte
N. S. de la
La Florida
El Lance
Los
Concepción
Chimage
TF-334
Realejos
30
Plaza de la
TF-342
Realejo
Constitución
Mirador Chipeque
Alto
Iglesia
La Habienda
TF-324
de Santiago
Perdida
Cruz
San
La
TF-21
Antonio
Mirador Ayosa
Santa
TF-523
Los
Perdoma
Mña. Ayosa
Loros
Mirador
2073 m
El Asomadero
Agua-
El Viñatico
mansa
Cuev
TF-326
Malpais
Cueva
La Caldera
Mña. de la Crucita
Cazadora
2040 m
Arafo
Los Organos
TF-525
Margarita
Mña. de las Arenas
Chogo
de Piedra
1582 m
Casa de los
Topo
Santiagos
Negro
Lava
TF-245
194
Mña. Roja
2300 m
Icóro
TF-525
192
Chacaica
TF-21
Mña. del Limón
La Dehesa
2308 m
de la
Pirámides de Güímar
aleza
Mña. del Alto
Güímar
de Guamasa

D
E
F
Punta del Hidalgo
Playa de los Troches
Punta del Frontón
Punta Fajana
Punta Tamadite
Playa del Tamadite
Punta Poyata
Playa del Tachero
Playa de San Roque
Playa Ber
5
Baja de la Caleta
Roque de Taborno 707 m
N. S. de la Nieves
Alr
Playa del Arenal
25
Punta del Hidalgo
Ermita N. S. del Carmen
Chinamada
Tenejias 811 m
Taborno
Casas de Afur
Naranjos
Taganana
TF-134
Roque de las Bodegas
Piscinas Naturales
Punta Gotera
Batán de Abajo
Las Carboneras
Azanos
El Bail
Punta del Fraile
de las Salinas
Caleta del Arco
Bajamar
25
TF-13
TF-138
Roque Negro
TF-136
Paso 934 m
8
de
Embalse de Acaimo
Tejina
Las Toscas
Moguinal 755 m
Monte de las Mercedes
Viñátigo
TF-145
Taborno 1024 m
La Cumbrilla
TF-12
Anaga
Roque Chiguel 695 m
4
La Hondura
24
TF-143
Mirador del Pico del Inglés
Guerra
El Pico
Tegueste
Pedro Alvarez
TF-12
Ermita Cruz del Carmen
Valle Crispin
Valle Brosque
7
TF-16
TF-13
TF-113
Mirador de Jardina
El Roque 318
Picacho de Los Lazaros 462 m
TF-154
El Socorro
Espanol 755 m
Ermita de San Diego
Las Mercedes
Valle Vega
Roque de la Fortaleza 751 m
Garimba
654 m
Tabares
SAN CRISTÓBAL DE LA LAGUNA
2
Ermita de las Mercedes
Cueva Bermeja
Guamasa
TF-156
N. S. de la Concepción
Los Campitos
TF-11
Dárse Pesqu
Guamasa
TF-152
Aeropuerto Los Rodeos
Parque de Las Mesas
Valle Seco
Cueva Bermeja
22
TF-14
Cruz Chiquita
TF-235
La Laguna
Catedral
TF-13
Valle Giménez
TF-111
Dique del Este
TF-5
16
TF-237
El Rodeo
Aeropuerto de Tenerife Los Rodeos
La Laguna Las Cañadas
20
Ermita San Roque
Valle de Tabares
Cast. de Paso Alto
196
Los Naranjeros
TF-24
Tageste
8b
Tacaronte/Los Naranjeros
Asomada
Ortigal
8a
La Higuerita
La Cuesta
Santa María del Mar
Parque García Sanabria
M Museo Arqueológico
TF-237
El Valle
Carretera Dorsal
San Miguel de Geneto
San Bartolomé de Geneto
Fac. de Med.
TF-11
Catedral de la Concepción
Casas tas
Carboneras 938 m
TF-265
La Cuesta
SANTA CRUZ DE
3
La Esperanza
TF-226
Taco
La Cuesta
Auditorio de Tenerife
10
11
12
Ermita del Pilar
TF-272
TF-263
TF-2
Taco Ofra
Santa Cruz Centro
Palmetum
13
14
15
16
17
18
19
1216 m
TF-24
Birmagen 943 m
P
TF-1
Barranco Grande
Hoya Fria
Las Chumbreras, La Laguna
Montaña Grande 1120 m
Barranco Grande
Santa María del Mar Azabe
Playa del Muerto
Las Raíces
El Tablero
TF-28
El Pilar
Punta de la Encedida
Santa María del Mar
2
Bco Hondo
TF-274
TF-256
El Pilar
Playa Berruguete
Machado
La Suerte del Espino
San Isidro
582 m
Nuestra Señora del Rosario
Radazul Tabaida
El Chorrillo El Tablero
Playa de la Nea
Barranco Hondo
Tabaiba
Urban. Radazul
Punta de Guadamojete
Igueste
Autopista del Sur
Barranco Hondo
Punta del Morro
Chupadero
Las Caletillas
Araca
Las Caletillas
Guaya
Playa de las Caletas
Araya
Las Arenitas
Club Nautico
El Charcito
TF-1
Punta Larga
Candelaria
17
Playa de las Arenas
TF-247
Basilica de la Virgen
Carretera del Sur
Candelaria
38
Playa de Samanrines
Playa de la Viuda
TF-28
Lomo del Caballo
Poligono Industrial
Hidalga
TF-281
El Socorro
Medio Camino
20
La Hidalga
Playa de la Entrada
193
195
La Planta
Las Cañadas
Playa de Lima
Volcan de Guimar 276 m
Punta de la Entrada
D
E
F
1

Roque de Fuera
Roque de Tierra
179 m
Punta Bajo Las Palmas
Playa de El Draguillo
Faro de Anaga
Roque Bermejo
Las Palmas
Casas Blancas
El Draguillo
Punta El Jurado
Punta Tamadite
Punta Fajana
Playa del Tamadite
Roque de Taborno 707 m
Punta Poyata
Playa del Tachero
Playa de San Roque
Playa de Benijo
Benijo
Chamorga
Punta del Drago
Almaciga
Lomo de las Bodegas
Playa de Anosma
Bco. de Anosma
Tenejias 811 m
Taborno
Casas de Afur
N. S. de la Nieves
Taganana
Naranjos
Roque de las Bodegas
Chinobre 910 m
Anaga
Punta de Anaga
Las Carboneras
TF-138
Azanos
El Bailadero
TF-123
Mña. de las Toscas 365 m
Playa de Ijuana
latigo
TF-145
Roque Negro
TF-136
Paso 934 m
TF-12
8
Pico de Limante 798 m
Lomo Bermejo
Semaforo
Punta de Antequera
Montañas
Taborno 1024 m
La Cumbrilla
Embalse de Acaimo
TF-121
427 m Punta de Antequera
Tierras Caídas
Ensenada de Zapata
Playa de Antequera
Mirador del Pico del Inglés
Anaga
563 m
Igueste
El Roquete
Ermita Cruz del Carmen
Roque Chiguel 695 m
TF-12
Los Órganos
Playa del Llano
Mirador de Jardina
Valle Crispin
Valle Brosque
Roque de la Fortaleza 751 m
El Roque
TF-121
Playa del Burro
Playa Cueva de Agua
Mercedes
Valle Vega
318
Playa de las Gaviotas
ita de Mercedes
Bco. de Tahodio
Cueva Bermeja
Punta de los Organos
Playa de las Teresitas
Cádiz
Los Campitos
TF-11
6
San Andrés
Playa de las Teresitas
Valle Giménez
Parque de Las Mesas
5
Dársena Pesquera
Punta del Valle de San Andrés
Las Palmas (Gran Canaria)
TF-111
Valle Seco
Cueva Bermeja
Dársena Pesquera
Valle de Tabares
Dique del Este
Cast. de Paso Alto
Agaete (Gran Canaria)
La Cuesta
Parque García Sanabria
M Museo Arqueológico
del Mar
TF-11
Catedral de la Concepción
de Med.
1
SANTA CRUZ DE TENERIFE
TF-4
Auditorio de Tenerife
uesta
3a
2
Palmetum
10
11
12
TF-5
3
Santa Cruz Centro
13 14 15 16 17 18 19
P
TF-1
4 Hoya Fria
Las Chumbreras, La Laguna
ria del Mar
ya del Muerto
nta de la Encedida
María del Mar
2
rruguete
200 m
195
Oceano Atlántico

Register

A

     REGISTER

BILDNACHWEIS

AA/C Jones: S. 6 (7) u. 42, 28/29, 39 u., 47, 71, 72, 100, 101, 128, 131, 153, 168

AA/R Moore: S. 6 (1) u. 22, 45 u.l., 52, 121, 133

AA/K Paterson: S. 85

AA/C Sawyer: S. 24, 59, 70, 152, 155, 157 u.r., 171

AA/J Tims: S. 6 (8) u. 69

AFP/Getty: S. 20

akg-images: S. 21

akg-images/Nimatallah: S. 20

Birgit Borowski: S. 165

DuMont Bildarchiv/Gerald Hänel: S. 6 (2) u. 67 u.l., 6 (4) u. 90, 6 (9) u. 151, 16/17, 43, 80/81, 86, 87, 90, 91 o./u., 92 u.r., 99 u.l., 119 o./u.l., 120 l., 123, 125, 148 l./r., 149, 151, 154, 158, 162/163

DuMont Bildarchiv/Frank Heuer: S. 45 u.r.

DuMont Bildarchiv/Jürgen Modrow: S. 27

DuMont Bildarchiv/Martin Sasse: S. 5 o./u., 6 (1) u. 122, 6 (5) u. 95 u.r., 6 (6) u. 99, 6 (10) u. 45 o., 9 u., 14, 19, 23 o.r./u.l., 30, 31, 79, 92 o./ u.r., 95 o./u.l, 98, 99 u.r., 103 o./u.l., 107, 128, 129, 141, 147 o.l./r., 157 o./u.l., 159

Rolf Goetz: S. 32/33, 120 r.

Huber Images/Guido Cozzi: S. 108

Huber Images/Vallenari Flavio: S. 68

Huber Images/Hans Peter Huber: S. 110

Huber Images/Katja Kreder: S. 50

Huber Images/Arcangelo Piai: S. 9 o., 58/59, 63 u.

Huber Images/Reinhard Schmid: S. 22, 40, 40/41, 57, 63 o., 64, 64/65, 65, 67 o./u.r., 73, 74, 114/115, 135, 172/173

Huber Images/Arcangelo Piai: S. 9 o., 58/59, 63 u.

Huber Images/Jan Wlodarczyk: S. 119 u.r., 142/143

Huber Images/Hans Zaglitsch: S. 23 o.l.

laif/Toma Babovic: S. 53

laif/Pierre Jacques/hemis: S. 12/13

laif/Bernd Jonkmanns: S. 6 (3) u. 89

laif/Julia Knop: S. 86/87

laif/Gerhard Westrich: S. 97, 124

LOOK/age fotostock: S. 21, 25, 105

LOOK/Reinhard Dirscherl: S. 26 o./u.

LOOK/robertharding: S. 39 M.

LOOK/Jürgen Richter: S. 10, 23 u.r., 77

LOOK/Daniel Schoenen: S. 41

LOOK/Thomas Stankiewicz: S. 39 o., 103 u.r.

Titelbild: U1 oben: LOOK/age fotostock
U1 unten: LOOK/Daniel Schoenen
U8: Getty Images/Apostoli Rossella

IMPRESSUM

© MAIRDUMONT GmbH & Co. KG

5. Aufl. 2022

Text: Rolf Goetz, Damien Simonis, Lindsay Hunt (»Wohin zum ...«), Lindsay Bennett
Übersetzung: Jutta Ressel M.A., Joachim Nagel, Dagmar Lutz
Redaktion: Birgit Borowski

Kartografie: © MAIRDUMONT GmbH & Co. KG, Ostfildern
3D-Illustration: jangled nerves, Stuttgart

Anzeigenvermarktung: MAIRDUMONT MEDIA
Tel. 0711 45 02-0, media@mairdumont.com
media.mairdumont.com

Der Name Baedeker ist als Warenzeichen geschützt. Alle Rechte im In- und Ausland sind vorbehalten. Jegliche – auch auszugsweise – Verwertung, Wiedergabe, Vervielfältigung, Übersetzung, Adaption, Mikroverfilmung, Einspeicherung oder Verarbeitung in EDV-Systemen ausnahmslos aller Teile des Werkes bedarf der ausdrücklichen Genehmigung durch den Verlag.

Printed in Poland

Trotz aller Sorgfalt von Autoren und Redaktion sind Fehler und Änderungen nach Drucklegung leider nicht auszuschließen. Infolge der Corona-Pandemie kann es darüber hinaus zu kurzfristigen Geschäftsschließungen und anderen Änderungen vor Ort gekommen sein. Dafür kann der Verlag keine Haftung übernehmen. Berichtigungen, Kritik und Verbesserungsvorschläge sind uns jederzeit willkommen, bitte informieren Sie uns unter:

Baedeker-Redaktion
Postfach 3162
D-73751 Ostfildern
Tel. 0711 45 02-262
smart@baedeker.com
www.baedeker.com

Meine Notizen

Meine Notizen

Meine Notizen